CONEXIÓN CON ÁNGELES

Guía para contactar
su prodigiosa energía

Manual para descubrir el potencial
del mundo angélico en nuestra vida

Serie Mayor

del Canal Infinito

Colección SERIE MAYOR del Canal Infinito

EGIPTO INVISIBLE. El poder de los símbolos / Fernando Schwarz

ENSEÑANZAS MAYAS. Su extraordinaria eficacia en nuestra vida / Mabel Flores

REFLEXOLOGÍA HOLÍSTICA. Sabiduría de los pies a la cabeza / Esther Buk

BIBLIA REVELADA. Los significados ocultos de la Toráh / Ione Szalay

SABIDURÍA FEMENINA. El poder de tu Sacerdotisa interior / Mónica Simone

PROFECÍAS INCAS. Asombro y sabiduría en tiempos de cambio / María Monachesi

CONEXIÓN CON ÁNGELES. Guía para contactar su prodigiosa energía / Luz Stella Rozo

DIOSES INTERIORES. Cómo identificar tu arquetipo personal / Laura Winckler

FENG SHUI DEL CUERPO. Autoconocimiento y salud / Andrea R. Sajnovsky

PLATÓN Y EL CINE. Enseñanzas ocultas en las películas de hoy / Christian Rodway

Luz Stella Rozo

CONEXIÓN CON ÁNGELES

Guía para contactar su prodigiosa energía

Manual para descubrir el potencial
del mundo angélico en nuestra vida

kier

100 años de Sabidurías

Se hallan reservados todos los derechos. Sin autorización escrita del editor, queda prohibida la reproducción total o parcial de esta obra por cualquier medio -mecánico, electrónico y/u otro- y su distribución mediante alquiler o préstamo públicos.

Rozo, Luz Stella
 Conexión con ángeles / Luz Stella Rozo ; 1a ed. 1a reimp. - Buenos Aires : Kier, 2008.
 232 p. ; 23x16 cm. (Infinito Mayor dirigida por Darío Bermúdez)

 ISBN 978-950-17-7207-4

 1. Angeles. I. Bermúdez, Darío, dir. II. Título
 CDD 232.91

Director de la Serie:
Darío Bermúdez
Diseño de tapa:
Carlos Rossi: www.rossidisegno.com
Ilustraciones del interior:
Elena Valdéz
Composición tipográfica:
Mari Suárez
Corrección:
Lorena Bustos
LIBRO DE EDICION ARGENTINA
ISBN 978-950-17-7207-4
Queda hecho el depósito que marca la ley 11.723
© 2008 by Editorial Kier S.A., Buenos Aires
Av. Santa Fe 1260 (C 1059 ABT) Buenos Aires, Argentina
Tel: (54-11) 4811-0507   Fax: (54-11) 4811-3395
http://www.kier.com.ar - E-mail: info@kier.com.ar
Impreso en la Argentina
Printed in Argentina

Palabras preliminares acerca de esta Serie Mayor

La presente selección de libros es una nueva idea llevada adelante entre la Editorial Kier y el Canal Infinito para indagar lo conocido y lo desconocido, correr telones, quitar velos. Para hacer una distinción entre maniquíes y cuerpos que laten. Entre mirar y ver el mundo. Entre ficción y realidad.

¿Cuestionar paradigmas? ¿Abrir conciencia? ¿Tener pensamientos que apunten a lo trascendente? Si los secretos del universo están expresados con escritura invisible como poetizan los sabios, estos trabajos intentarán acompañar al lector en esa lectura audaz y aguda. Serán como el fuego detrás de una hoja escrita con limón: a contraluz, las letras irán saliendo de lo oculto y apareciendo delante de los ojos de quienes no se conforman con lo establecido. Un nuevo deletreo del mundo insinúa instalarse: esa parece ser la buena nueva, el *neo evangelio* del siglo XXI. Bienvenido.

La serie paralela "Colección del Canal Infinito" recibió rápidamente el rótulo de *best seller* en el circuito holístico editorial, con casi medio millón de ejemplares vendidos a la fecha y medio centenar de títulos para iniciar el camino. Ahora, esta *hermana mayor* aumenta el desafío en extensión y profundidad. El lector va creciendo.

Gracias a cada autor y a su secreta convicción, que puede ser vislumbrada en estas obras. Y a esa creciente legión que nos aguarda detrás de estas páginas, a esos inquietos existenciales –ya no crónicos ni congénitos sino kármicos, diría yo–, por compartir la búsqueda.

Darío Bermúdez*
Director de la Serie Mayor
Bs. As., febrero de 2007

---

* *Escritor y documentalista. Publicó "Profecías mayas" (2003 – 8va. edición) y "Rastafaris – La mística de Bob Marley" (2005 – 3era. edición). Dirige colecciones orientadas a la apertura de conciencia. Realizó los documentales "Rastafaris", "Crimen y redención" en las cárceles, "Santo Che" sobre el mito místico de Guevara y "Egipto Revelado" en Egipto y Francia. Obtuvo varios premios (New York Festivals, Promax de Oro y de Plata, Lápiz de Oro, ATVC, etc.). Hoy, genera contenidos para su productora "Soulworks" (www.soulworksmedia.com). Mail: dbermudez@soulworksmedia.com*

*"Al desprenderte totalmente de lo material
en todos los planos y niveles,
puedes llegar a ser como un ángel."*

-Ángel de Paz-

PSICOGRAFÍAS ANGÉLICAS
PARA PINTAR Y SANAR

Los dibujos son obra de la artista plástica Elena Valdéz, quien canaliza psicografías y pinturas en un solo trazo, bajo un estado especial de conciencia y automatismo. Dibuja rostros de ángeles, maestros y seres de otras dimensiones con dictados para la sanación del alma. Además del pliego color, a lo largo del texto incluimos varios de sus últimos dibujos en blanco y negro, para interactuar pintando y meditando.

www.elenavaldez.com.ar

Para ti, que crees en mí.
Israfel, tu ángel.

Agradecimiento

Quiero expresar mis sinceros agradecimientos a los amigos que colaboraron desinteresadamente en la escritura de este libro. En cuanto a Kabaláh, tuve la asesoría de dos maestros expertos: Thomás Golding y Francisco Ascanio. En lo que se refiere a los rituales y oraciones, recibí la cooperación de Martha Rosenthal, Raiza Rojas, Liuba Goncharow, Elena Hernández, Consuelo Arandia y Luz Celeste. A mi "vidente de cabecera", Jazmín de los Ángeles Pérez. También, quiero agradecer a quienes tuvieron la tarea de corregir los originales de esta obra: Nelly Rozo, María Elisa Ganem y Petrica Barraez. Y al editor Darío Bermúdez, por haber confiado en mí. A Mario, por haberme dado todo su apoyo.

A todos los aquí mencionados y a aquellos que no he mencionado, ¡muchas gracias!

La autora

PERSONALIZACIÓN DE ESTA OBRA

Este libro pertenece a: ....

Nombre de mi ángel: ....

Fecha del primer contacto: ....

Motivos importantes para recordar:...

Fechas de posteriores contactos: .... / .... / .... / .... / .... /
.... / .... / .... / .... / .... / .... / .... /

Propósitos que he hecho con mi ángel: ....
....
....
....
....
....

Objetivos alcanzados: ....
....
....
....
....

Otras anotaciones u observaciones: ....
....
....

    Seguramente te has dado cuenta de que este libro es estrictamente personal. Las anotaciones que no quepan aquí, puedes hacerlas en un hermoso cuaderno que dediques exclusivamente para estos menesteres.

Tu ángel, Israfel

Introducción

LOS ÁNGELES EN LAS DISTINTAS RELIGIONES. LOS ÁNGELES COMO INSTRUMENTO DE UNIDAD

Efectivamente, los ángeles existen en todas las religiones. En todos los ritos o creencias se tiene fe en entidades espirituales buenas al servicio de Dios, de la Luz y del amor. Se venera y se cree en los ángeles, aunque el nombre que se les dé sea distinto. Esto es una cuestión de semántica: en las tres principales religiones monoteístas, el único Dios que existe tiene nombre diferente, pero en ningún momento ponemos en duda que sea el mismo Dios.

Los hebreos lo llaman Jehová, o Jhavé. Igualmente, lo denominan el Eterno, el Innombrable, el Omnipotente... El islam llama a Dios Alá. Los cristianos lo reconocen como Dios, e incluso dicen que Jesucristo es Dios. Por su parte, algunas escuelas esotéricas le dicen a Dios "la Gran Mente Universal", "la Gran Energía", o también "el Cósmico".

Las tres principales religiones monoteístas, empezando por la más antigua, la hebrea, en sus libros sagrados mencionan una y otra vez las entidades angélicas. Una prueba de ello es el *Antiguo Testamento*, donde prácticamente no hay ninguna página en la que no sean nombradas. El *Antiguo Testamento* es la versión que ha hecho la Iglesia Católica de la *Toráh*, el libro sagrado de los judíos. Igualmente, en el *Talmud* y otros libros sagrados hebreos es mencionada constantemente la presencia y benevolencia de los ángeles, así como su intercesión ante Dios.

La Iglesia Católica basa su doctrina cristiana en la creencia en los ángeles. La vida de Jesús de Nazareth comienza cuando el arcángel Gabriel anuncia su próximo nacimiento a María. Luego continúan los ángeles muy unidos a la vida de Jesús. Divulgan su nacimiento a los pastores, guían a los Reyes Magos, le avisan a José sobre el peligro que corre el niño ante Herodes, quien desea matarlo, y lo ayudan para que, con su familia, escape a Egipto. Allí, continúan protegiéndolo hasta que llega el tiempo en que le dan a su padre, José, la orden de regresar a Judea. A lo largo de toda la vida de Jesús prosigue la presencia angélica, incluso cuando notifican su resurrección y él regresa y se presenta junto con el Espíritu Santo.

La religión islámica, igualmente, nace con revelaciones angélicas. El arcángel Gabriel (Yibriel) se le aparece a Mahoma, y durante cuarenta días, en los cuales fue asistido por Miguel y Rafael, le entrega todo el conocimiento a ese profeta que lo escribe en un libro llamado *Corán*.

Un ángel conocido como Moroní se le presentó a un hombre llamado Joseph Smith y le dijo en qué lugar podía desenterrar unas tablas, como las que recibió Moisés, que se denominan "Tablas de la Ley". Así, le dio toda la revelación para que Joseph fundara la religión de los mormones, cuya sede central se encuentra en Salt Lake City, la capital del estado de Utah, en Estados Unidos. Últimamente, éstos han cambiado su nombre por Iglesia de los Santos de los Últimos Días.

Los caldeos, asirios, babilonios, antiguos egipcios, persas, mesopotámicos, y otros pueblos, entregaron a culturas posteriores sus creencias en los ángeles. En sitios como el Bristish Museum de Londres, por ejemplo, hay murales de piedra con seres alados tallados correspondientes a estas culturas...

Los hindúes y los budistas, dentro de su gran mundo espiritual, creen también en los ángeles. Los primitivos indígenas, tanto de América como de las islas del Pacífico Sur, creen en seres sobrenaturales que podríamos reconocer como nuestros ángeles. Son para ellos los espíritus o dioses del aire; para nosotros, los ángeles del aire, del viento, de la naturaleza, de las aguas, de la lluvia...

Esto nos muestra un fenómeno muy curioso respecto a los ángeles. Todo el mundo, cualquiera sea la religión a la que pertenezca, cualquiera sea el lugar donde deposite su fe, cree en los "angeles". Aunque no todo el mundo cree en la Virgen ni en los santos, ni en Jesucristo, ni en Mahoma, ni en Alá, ni en Krishna, ni en Jehová, ni en Buda, ni en Sai Baba; lo cual nos demuestra que los ángeles son un culto unificado universalmente, y que, además, a todos fascina.

Hay mucha gente que no se siente cómoda ante temas vinculados con la brujería, santería, chamanismo, adivinación, astrología..., o simplemente no cree en ellos. Pero sí se siente profundamente atraída hacia los ángeles y todo lo que encierra este mundo angelical. Te invito a conocerlo en detalle, juntos, siguiendo la voz del ángel guía. Bienvenidos.

Tu presencia está conmigo.
Tú me das paz interior y felicidad.

Capítulo 1

El Reino Angelical

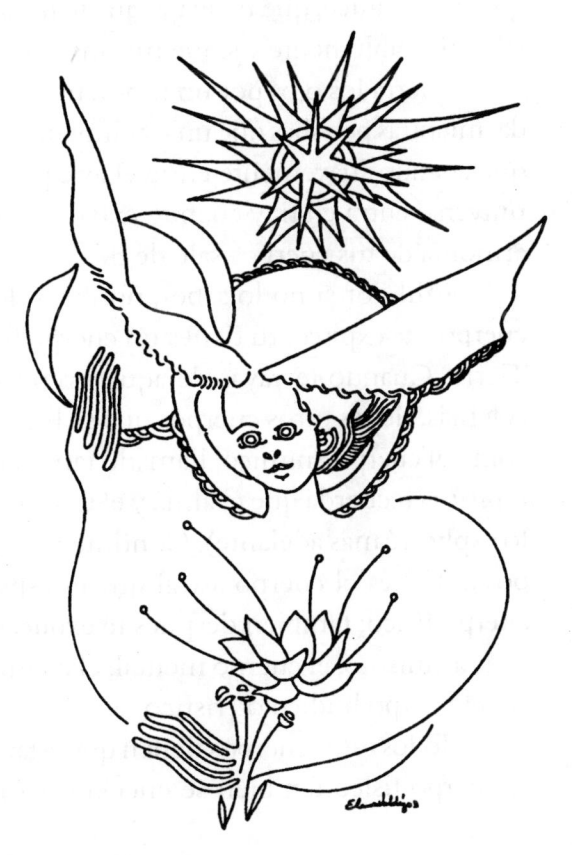

Amado/a lector/a:

Haremos un trato: intenta abordar este libro como si en lugar de estar leyendo mis palabras, las estuvieras escuchando...

¡Perfecto! Empecemos por colocar cerca de ti una música suave que te armonice, que te relaje, que te haga sentir muy cómodo. Siéntate confortablemente y sigue mis instrucciones.

Cierra los ojos por un momento y toma una respiración profunda, mientras percibes que un sentimiento de intensa paz te invade. Siente que cuando suavemente entra el aire por tu nariz, toda la armonía del universo entra en ti; y cuando exhalas suavemente el aire, toda la desarmonía de tus cuerpos sale de ti.

¡Ah! Por si no lo sabes, nosotros, los humanos, tenemos varios cuerpos, te explico: tú tienes un cuerpo físico que pertenece al planeta Tierra. Cuando te vayas de aquí, no puedes llevarlo; aquí lo dejarás. Además, tienes otros cuerpos que se llaman sutiles o espirituales, tales como el cuerpo anímico, llamado también alma, el cuerpo espiritual o espíritu (recuerda que el alma y el espíritu son dos cosas distintas; ya te lo explicaré más adelante). Continuemos con los nombres de tus cuerpos... Tienes el cuerpo astral que es espiritual, es la copia exacta del cuerpo físico; también después te explicaré un poco más sobre él. Posees, asimismo, el cuerpo mental, el cuerpo emocional, el cuerpo aúrico, el cuerpo búdico o crístico, etcétera.

Todos estos cuerpos tienen que estar en armonía y sanos, para que el cuerpo físico también se encuentre así. Habrás oído decir que los científicos del ámbito de la medicina expresan que la mayoría de las enfermedades comienzan en la mente (o sea, en el cuerpo mental). Pues están muy acertados. Casi el ochenta por ciento de las enfermedades no sólo se inician en la mente, sino en cualquiera de los demás cuerpos sutiles o espirituales.

Volvamos al principio... Mucha paz te invade en todo tu ser. Continúas respirando, cuatro veces, suavemente, inhalando por la nariz y exhalando por la boca. Siente cómo tu ritmo cardíaco se desacelera, igual que tu ritmo cerebral, y te armonizas cada vez más. Ahora, ya estás listo para seguir leyendo.

Sientes que estás relajado y que, de pronto, te encuentras en el mundo espiritual. Imagínalo como te plazca. Luego, ves una hermosa escalera ascendente. Es bella, de un mármol blanco más hermoso que el de Carrara. Las balaustradas están adornadas con preciosos arreglos florales. Comienzas a ascender por la escalera que te conduce nada más y nada menos que al Reino de los Ángeles. Lo haces con todas las intenciones y el convencimiento de que vas a tener allí la aventura más hermosa de toda tu vida.

Sigues subiendo hasta llegar a una alta puerta de madera tallada con signos incomprensibles para ti. Custodiando esa puerta se encuentran dos inmensos querubines. Éstos son arcángeles de gran potestad y energía, por eso son tan grandes. Cuando ellos te ven, te reconocen, y cada uno se hace a un lado; uno a la izquierda y otro a la derecha. La puerta se abre automáticamente y puedes entrar. Te impresiona ese halo que sale desde ahí adentro: es una energía de Luz, inefable, que te llena de gozo, de alegría infinita. Te sientes feliz. Entras y escuchas una música que no se sabe de dónde viene, pero inunda todas tus fibras. Es la música de las esferas, compuesta, tocada y cantada por los mismos ángeles. ¡Es hermoso!...

Continúas adentrándote y percibes la energía, que es más densa que la que alcanza a salir a las escaleras. Casi no hay gravedad. Aspiras el aroma de las flores y logras ver a lo lejos unos hermosos jardines con flores tan bellas que nunca has visto en tu planeta, y el perfume…, el perfume es lo más exquisito que te puedas imaginar, porque en el Reino de los Ángeles hay jardines y flores mucho más lindas que en la Tierra. Te das cuenta de que hay ángeles por doquier: ángeles van, ángeles vienen, y muchos están desempeñando diversas actividades. Te percatas de que estás allí por un motivo muy importante: estás buscando a tu ángel. ¡Me estás buscando a mí!

De pronto, en medio de la multitud angélica, ves que un ángel viene corriendo hacia ti pronunciando tu nombre. ¡Ése soy yo! Soy el ángel Israfel[1].

Te estaba esperando. Mírame bien para que sepas cómo luzco ante tus ojos mortales, porque, en realidad, yo sólo soy energía y Luz, al igual que los otros ángeles. Y como tú bien sabes, la energía no tiene ninguna figura corporal, ni batas, ni tampoco alas.

¿Tú sabes por qué los terrenos (nombre cariñoso que nosotros les damos a los habitantes del planeta azul, la Tierra) nos ven con alas? Porque tanto en las antiguas descripciones de la *Toráh* (desarrollaré este tema más adelante) como en la Biblia cristiana, concretamente en la parte llamada *Antiguo Testamento*, y en especial en el *Libro de Daniel*, se narra un hecho muy significativo: un hombre, dueño de un campo, había hecho comida para los obreros que trabajaban en sus tierras. Cuando ya la había terminado e iba a enviársela, se le apareció un ángel que le dijo que debía llevar esa comida a Babilonia, a Daniel, quien estaba preso junto con sus compañeros. El pobre hombre se llevó un susto

---

[1] El nombre de Israfel se interpreta como "El que es de fuego"; aunque se dice que es tan alto, que mientras está con los pies sobre el planeta (la Tierra), su cabeza llega a los pilares del trono de Dios.
El folklore arábigo cuenta que Israfel va tres veces en el día al Infierno, y se siente tan conmovido por lo que ve allí, que llora profusamente; y si no fuera por Alá, quien seca esas lágrimas, su gran caudal ahogaría a todo el planeta Tierra.
Es un ángel que ama profundamente al género humano y ha solicitado ser el guía en este libro.

mayúsculo. Luego le respondió a ese extraño ser: "No tengo la menor idea de dónde queda Babilonia, y mucho menos sé quién es Daniel". Entonces el ángel, ni lerdo ni perezoso, tomó con sus propias manos la comida y se alejó raudamente. Al describir ese desplazamiento, este hombre solamente lo pudo comparar con el vuelo de un ave, porque dijo que en un primer momento estaba a su lado y, después, en un instante se encontraba muy lejos.

Quienes oyen o leen esta historia, se imaginarán que para que el ángel pudiera movilizarse de esa forma tan rápida y por el aire debió tener alas y, entonces, comienzan a imaginarlo y a describirlo en esa forma. ¿Y la bata? Tú seguramente has visto que en la época bíblica todos usaban una túnica que era como la funda de una almohada: en la parte de arriba, después de dejar el hueco para la cabeza, se cosía con unas puntadas para cubrir los hombros, y luego se le pegaban las mangas largas hasta la muñeca; por último, se amarraba a la cintura. Te aseguro que no tenían problemas de talla ni de aumento de peso…

Posteriormente, en el siglo III, con motivo del famoso "Concilio de Nicea", el tema de los ángeles se puso de moda. Los artistas de la época comenzaron a hacer pinturas y estatuas angélicas, en un estilo clásico muy bonito, con caras andróginas; eran tan bellas que no representaban ni a un hombre ni a una mujer. Y creo que ellos tenían mucha razón, porque los ángeles somos energía pura, no tenemos sexo. Es una cuestión lógica: la energía y la luz no tienen sexo.

A esos seres con tan bello aspecto humano había que colocarles ropa. Lógicamente, la ropa adecuada era la bata bíblica, porque provenía de tiempos inmemoriales. Y como volaban había que agregarles un adminículo que lo posibilitara. He aquí la figura de un ángel, tal como todos ustedes están acostumbrados a verla, a apreciarla. Forma que ya ha pasado a tu subconsciente y se ha fijado en todos tus bancos de memoria. De tanto verla, para ustedes un ángel es un hermoso ser "humanoide", con vestiduras y cabellera hermosas, además de sus hermosas alas. Puedes apreciar que todo es muy "hermoso".

Ya hemos concluido con la descripción del aspecto físico de los ángeles desde el punto de vista humano; ahora continúas en el inicio de tu primera visita al Reino de los Ángeles o Reino Angelical. De pronto (te reitero la imagen), en medio de la muchedumbre angélica, ves uno que viene corriendo hacia ti, porque te ha reconocido. ¡Ése soy yo! ¿Qué tal luzco? Fíjate en todos los detalles: en mi cabello, cómo estoy peinado; en mis alas, el material del que están hechas; en mi cara, mis ojos, mi vestimenta... Pero, sobre todo, fíjate en el inmenso amor que sentimos los dos, el uno por el otro.

¡Nos damos un abrazo apoteósico! Y sentimos en ese abrazo la comunión de nuestras emociones y sentimientos. Luego, pasada la emoción, pregúntame lo que más te preocupa. Escucharás la respuesta como si fuera una idea o un pensamiento tuyo, o posiblemente como un susurro, como una voz dentro de tu cerebro. Todos ustedes tienen diferentes formas de comunicarse con nosotros. Lo importante es que no comiences a dudar y te preguntes: "¿Estoy imaginándolo?, ¿es mi subconsciente?"; porque con esa incredulidad echas a perder todo, no solamente en este momento mágico, sino también en toda tu vida. Tienes que abrirte a la magia, abrirte y creer en los milagros.

Si alcanzas a interpretar algunos mensajes, es preferible que lo escribas. Lo puedes anotar en este libro. Por eso éste es un libro personal que únicamente debe ser manejado por ti y por mí. Pero si no lo interpretas, no lo escuchas, o te parece que no hablo, no es que sea mudo: ocurre que hablo mentalmente. Por esta razón no entiendo cuando algunos terrenos (humanos de la Tierra) nos invocan, ya sea a nosotros o a los seres opuestos a nosotros, dando gritos. En el mundo espiritual nosotros nos comunicamos a través de la mente; lo hacemos mediante ideas a través de impulsos energéticos que transmitimos a tu cerebro, y allí se convierten automáticamente en palabras o en sonidos.

Recomendación especial:

Deja de leer al finalizar cada capítulo. La finalidad de esto es que cuando reinicies la lectura, te relajes, prepares tu ambiente como más te guste para entrar en contacto con nosotros, vuelvas al Reino Angelical, me busques y te imagines como quieras: que estás en tu sala, o en un hermoso campo, o en la orilla de un majestuoso mar, escuchando mis palabras impresas en este libro que ha sido hecho especialmente para ti. Así comenzarás un nuevo capítulo, un nuevo tema, un nuevo aprendizaje. Encontrarás la Luz en cada palabra que leas.

Capítulo 2

¿Quiénes son los ángeles?

Estamos listos para comenzar nuestra conversación de hoy. Supongamos que tú me preguntas quiénes son los ángeles. Yo, tu ángel Israfel, el que viste en el Reino Angelical, con mucho amor voy a explicarte quiénes somos.

Al Padre Eterno, tú lo llamas Dios, y nosotros el Innombrable. Le decimos así porque Dios no es su verdadero nombre. Dios es una palabra genérica, como decir hombre. Pero ese hombre, tiene nombre. El nombre de Dios es secreto y sagrado. Muy pocos seres, uno o dos, saben el auténtico nombre de Dios. Yo, por supuesto, no lo sé. No lo sabemos, porque si lo supiéramos, lo diríamos mentalmente. Es decir, cuando tú piensas en alguien, por ejemplo Juan, mentalmente dices "Juan".

Como no somos dignos de mencionar el nombre de Dios, le decimos el Innombrable, o sea, aquel cuyo nombre no somos dignos de pronunciar. Es lamentable que algunas personas mal informadas apliquen este calificativo a la energía contraria a Dios.

Cuando el Innombrable decidió crear el universo, no lo hizo "a tientas y locas", no. Primero construyó la infraestructura que está compuesta por el Reino Angélico. Lo primero que creó, entonces, fue a nosotros, Sus ángeles. Para hacernos, simplemente emanó Su energía y nos formó según Su imagen y semejanza: energía, amor y Luz. Voy a explicártelo en otros términos: el Innombrable le dio a ciertos ángeles, a los jefes, una mayor cantidad de energía que a los demás, y estos jefes, a la vez, la emanaron desde sí mismos y produjeron, así, sus ejércitos, batallones, huestes, o legiones. Por ese motivo, cuando a un neófito en angeología (o como se dice últimamente en tu planeta, "angelología") se le presenta un ángel que se identifica como Miguel, Rafael, Gabriel, Uriel, etcétera, queda traumatizado, impactado, pensando que está ante la mismísima presencia de uno de esos grandiosos arcángeles.

Respecto de este tema quiero decirte algo que debes recordar: la mayoría de las personas terrenas que dicen (e incluso escriben por Internet) que se comunican con uno de estos arcángeles están mintiendo flagrantemente, o simplemente están equivocados. Es una manera de engañar a incautos. Con esto no quiero decir que los ángeles no se presenten, pero sí que lo hacen frente a personas muy elegidas, seres con una gran evolución espiritual quienes saben muy bien que no se puede lucrar a través de estos arcángeles. Asimismo, saben perfectamente que es también falso que alguien pueda prometer que en un determinado lugar, por ejemplo, un curso, taller, seminario, convención o concilio, determinado arcángel hará acto de presencia, y mucho menos uno de los que ustedes llaman "los siete arcángeles".

Te estarás preguntando quiénes son los siete arcángeles, te explico: los metafísicos creen que los arcángeles que menciono a continuación regentan o prestan servicio en cada uno de los días de la semana. Hay gente que cree que solamente existen ellos, pero esto es un error. Los siete arcángeles son:

- *Jofiel*: presta servicio los días lunes de cada semana y regenta el rayo dorado.
- *Shamuel*: presta servicio los días martes de cada semana y regenta el rayo rosa (aunque algunos lo escriben *Chamuel*, su auténtico nombre es *Shamuel*).
- *Gabriel*: presta servicio los días miércoles de cada semana y regenta sobre el rayo blanco.
- *Rafael*: presta servicio los días jueves de cada semana y regenta sobre el rayo verde.
- *Uriel*: presta servicio los días viernes de cada semana y regenta sobre el rayo oro-rubí.

- *Zadkiel*: presta servicio los días sábados de cada semana y regenta sobre el rayo violeta.
- *Miguel*: presta servicio los días domingos de cada semana y regenta sobre el rayo azul eléctrico.

En este momento pueden surgir algunas preguntas que intentaré contestar...

—*Entonces... ¿Quiénes son los otros que se presentan haciéndose pasar por Miguel, si nosotros frecuentemente estamos solicitando la protección de nuestros seres de Luz, y que solamente vengan entidades de Luz?*

—Acuérdate de que hay muchos seres en la Luz, tenemos dos polos en la Luz.

—*¡¿Hay dos polos en la Luz?!*

—Sí, y los seres del otro polo son también seres elevados, aunque son del polo negativo. Ellos invocan a Dios, pero en su ser está la parte oscura y la maldad.

—*Entonces... es un peligro estar invocando seres de Luz. ¿Cómo debemos hacer nosotros para que nos protejan seres de Luz del "partido" de Dios?*

—Tienen que ser específicos: invocar al Innombrable positivo. Hay que definirlo muy bien cuando se habla.

—*¿O sea que puede suceder que uno esté convencido de que lo acompañan seres de Luz y resulta que finalmente puede no ser así?*

—Puede ser. Hay personas que por su forma de proceder siempre nos atraen hacia ellos[2]. Pero también existe el peligro de la perturbación para quien está canalizando y puede llegar a captar lo negativo.

—*¿En el alto astral, hay almas acompañadas por el Inicuo?*[3]

—Hay seres del Inicuo en el alto astral. Son seres que están allí, pero no por preferencia. Son altos por sabiduría, y no por evolución espiritual.

[2] Las energías atraen energías similares.
[3] "Inicuo" es el nombre dado por los ángeles al polo opuesto a Dios.

—*Debe de haber una diferencia entre el alto astral y el bajo astral...*

—Esos no reconocen a Dios como su amo. Si eres alma que ha reconocido a Dios como tu amo, al solicitar a tu dueño[4], por supuesto que tendrás como respuesta nuestra presencia.

—*¿Es cierto que los seres de Luz no solamente aman el aroma de las flores y la buena música, sino que también les gusta la limpieza, la claridad, las plantas, los hogares limpios?*

—Sí.

Luego de haber dado respuesta a tus posibles preguntas, continuaré con la explicación sobre algo que muy pocas personas saben: el origen de la creencia en estos siete arcángeles.

Proviene de una vieja tradición traída por Abraham desde su antigua Caldea y está presente en las religiones influenciadas por la presencia de este famoso patriarca hebreo.

Brevemente, te contaré quiénes eran los caldeos o kasdimos. En un primer momento, formaban una tribu, hasta que se convirtieron en una casta de sabios kabalistas, astrónomos, médicos y adivinos, en Babilonia, muy ligados con la doctrina Avesta (este último es un tema que trataré en las próximas páginas).

En el primer libro de Enoch (versión hebrea), de quien también te hablaré más adelante, se citan estos siete arcángeles: Miguel, Gabriel, Shatkiel, Baradiel, Shakakiel, Barakiell y Sidriel. En la versión etíope, la lista es así: Uriel, Rafael, Raguel, Miguel, Zerakiel, Gabriel y Remiel. Posteriormente, un místico, el Pseudo-Dionisio, manifiesta que los siete arcángeles principales son Miguel, Gabriel, Rafael, Uriel, Chamuel, Jophiel y Zadkiel. Como puedes ver, esta última es la misma lista de los metafísicos.

El papa Gregorio I, autor, entre otras cosas, de la liturgia de la misa y del canto gregoriano, reconoce en nombre de la Iglesia que lidera a

---

[4] "Amo" y "dueño" es una forma de los ángeles de llamar a Dios, así como algunas personas le dicen "Nuestro Señor".

los siguientes siete arcángeles: Miguel, Gabriel, Rafael, Uriel, Selaphiel, Jegudiel y Barachiel. Esta lista no es la misma que la de los metafísicos; y así, todo nos demuestra que entre los adeptos a los ángeles hay diferentes fuentes que no están acordes unas con otras y, en consecuencia, en los nombres de los principales arcángeles (siete) tampoco. Es más, entre los Libros de Enoch escritos en etíope y los escritos en hebreo hay una diferencia; lo cual nos ratifica que no podemos confiar mucho en los traductores de libros sagrados. En el libro *El testamento de Salomón*, por ejemplo, la enumeración es la siguiente: Miguel, Gabriel, Uriel, Sabrael, Árale, Hiato y Adonael. Los cristianos gnósticos, por su parte, compusieron su lista de la siguiente forma: Miguel, Gabriel, Rafael, Uriel, Barakiel, Sealtiel y Yejudiel.

Algunos asocian a cada arcángel con cada uno de los siete tradicionales "cuerpos celestes": el Sol, la Luna, Mercurio, Venus, Marte, Júpiter y Saturno, aunque no hay concordancia en la correspondencia entre cada arcángel y cada astro.

Los siete arcángeles también figuran en algunos libros de magia ritual, donde cada uno es interpretado con un sello específico (los sellos son los que se conocen como "escudos de armas", como el que tiene el Papa, igual que los cardenales y obispos de la Iglesia Católica.)

No sigas pensando más sobre lo mismo..., que ya capté lo que te intriga: mi opinión sobre lo que te acabo de narrar. Aunque no debo contradecir a ningún ser superior que haya hecho estas revelaciones, mi opinión es que no son todos los que están, ni están todos los que son. Hay arcángeles poderosísimos que no están en esas listas, tales como Metatrón y otro que, seguramente, no has oído mencionar: Rechtachel, que es casi tan poderoso como el arcángel Miguel.

Existen tantos arcángeles que la imaginación humana no lo puede concebir. Porque los ángeles, en general, somos tantos que en la *Biblia* el mismo Juan dice que somos "tan numerosos cuanto granos de arena hay en el fondo del mar". Y dentro de ese número descomunal, impensable, de ángeles, están o se incluyen los arcángeles que son todos los que, en una escala hacia arriba, ostentan ese título de arcángel, o porque tienen alguna categoría dentro de nuestra oficialidad, por ejemplo, Ofanín, Serafín...

Te voy a dar un dato que es secreto militar: cada uno de los más importantes arcángeles está acompañado por 496.000 miríadas de ángeles que están ministrando. No es necesario que busques en el diccionario: *miríada* quiere decir "número grande e indeterminado"; viene de un prefijo griego que significa "diez mil", la palabra quiere decir "muchas veces diez mil". *Ministrar*, viene del latín y significa "desempeñar un ministerio o trabajo". Dado que los ángeles somos los ministros de Dios, estamos siempre sirviéndolo.

Volviendo al tema de la presencia angélica, es importante que sepas y que así lo hagas saber, que ni Dios ni los ángeles estamos a disposición para actos mercantilistas, ni de prestidigitación, ni de lo que ustedes llaman magia, que no es más que una ilusión óptica.

Nosotros estamos llenos de amor hacia ustedes, de comprensión a las faltas humanas, al dolor humano, a la miseria humana, y por eso queremos ayudarlos y lo hacemos cuando realmente lo necesitan. Te cuento una historia a modo de ejemplo: una señora se casó con un hombre que tenía un hijo de catorce años. El chico se propuso dañar el matrimonio de su papá y lo logró. La señora se llenó de odio hacia el muchacho y llegó incluso a desearle la muerte, porque pensaba que si él no estuviera entre sus vidas, ella sería muy feliz con su marido, y finalmente se divorció. Al cabo de unos años, conoció a su auténtica alma gemela, se casó con él y fue la mujer más consciente de su felicidad que yo haya conocido. De pronto, un día llegó la luz a su mente y comprendió que si nosotros hubiéramos hecho "el milagro" de que el chico no se interpusiera más, ella hubiera sido inmensamente infeliz con el padre del *gangster* (disculpen, quise decir muchacho), porque ese esposo era un psicópata, un agresor verbal y psicológico. Ésos son los milagros que hacemos, sin ruido y sin ostentación.

No somos artistas de circo, eso es lo que quise decir, que los grandes arcángeles solamente se presentan a seres de gran evolución espiritual. Pero entonces, ¿quién es ese que cuando le preguntan su nombre responde que se llama Miguel, o Gabriel, o Rafael? Un ser que se está burlando de ti, podría ser... Aunque si has tomado las debidas precauciones antes de ponerte a invocar ángeles y haz hecho las ¡protecciones!, es muy poco probable que sea un impostor. Simplemente, ocurre que los ángeles somos muy celosos, reacios a estar dando nuestros nombres a diestra y siniestra; incluso muchas veces damos un pseudónimo, porque también tenemos nombres sagrados y secretos que revelamos a muy pocas personas. Y eso sucede solamente cuando ya hay algunos años de comunicación "en vivo y en directo".

Lo que suele pasar cuando te dan el nombre de un arcángel, es que el ángel, como es una emanación de ese arcángel, en lugar de explicarlo, simplemente, menciona quién es su esencia. Esto es similar a lo que pasa si un soldado perteneciera al batallón "General Pedro Pérez el Bravo" y cuando se le pregunta su nombre, en lugar de decirlo, mencione al batallón al cual pertenece: "General Pedro Pérez el Bravo". Puede ser que algunos incautos e inexpertos crean que es el mismo general en persona, pero los que saben, se darán cuenta de que no es esa persona.

De esta misma forma ocure con las personas que tienen experiencia en el tema de las comunicaciones angélicas. Lo más sano, aunque te consideres el más experto de todos los comunicadores de ángeles, es que le preguntes si es parte de la energía, o la totalidad de la energía. Es decir, si es un ángel de las milicias del arcángel mencionado, o si es el mismísimo arcángel. Generalmente, el arcángel, en caso de serlo, no va a decirte con prepotencia: "¡Yo soy el arcángel...!", sino que te va a decir que es la totalidad de la energía del arcángel de que se trate.

A Luz Stella, la autora de este libro (por supuesto, con mi ayudita) le pasó con un obispo católico al que sometió a hipnosis (a propósito de la hipnosis, cuando está bien realizada, se abren puertas dimensionales). En este caso, se llamó al ángel de la guarda del prelado y se presentó uno que dijo: "Soy Miguel". Ella, muy cauta, le dijo: "Debes de ser uno de los ángeles de los batallones del arcángel Miguel". Y para su sorpresa, el ser angelical le contestó: "No, soy la totalidad de la energía de Miguel". Era la primera vez que le sucedía esto. Luz Stella quedó estupefacta. Y fue muy interesante el mensaje que dio nuestro jefe en ese momento (como lo da siempre, en todo momento).

Dirás que soy un ángel como los barriletes (que también llaman cometas o papagayos) que se enredan en sus colas, y yo, en mis alas. Porque doy muchas vueltas. Sucede, amado lector, que son muchas las cosas que quiero decirte.

Vuelvo a nuestra creación. Cuando el Innombrable comenzó a crearnos, lo hizo con distintos niveles de energía para que, de acuerdo con la energía que manejemos, sea posible el desempeño de nuestras tareas.

Los arcángeles, pocos, de mayor energía, la más grandiosa, casi como la de Dios, se llaman Arcanos de la Trinidad Perfecta. Están en el escalafón de mando, directamente debajo de Dios, y allí se procesan todas las órdenes para el Reino espiritual, no solamente el angelical. Algunos de los Arcanos son miembros de los cuadros directivos más altos del mundo de los ángeles, tales como los arcángeles Rafael y Miguel y otros cuyos nombres no son conocidos en el planeta Tierra. Para cumplir con la tarea que les fue encomendada, estos grandes arcángeles (esto ya lo he comentado anteriormente), emanaron a quienes trabajarían con ellos, bajo sus órdenes.

En el mundo angélico, se usa, al igual que en la época bíblica, decirle "príncipe" a los jefes; por eso es que a estos grandes arcángeles se les dice príncipes. Quiero que sepas que dentro de las milicias de estos grandes príncipes, hay también príncipes, o sea grandes jefes. Así, a Luz Stella, por ejemplo, se le han presentado ángeles que se han identificado como príncipes de las milicias de Miguel.

Si me permites una opinión muy propia, y salir un poco del tema, creo que la burocracia no fue inventada en Egipto, como muy orgullosamente lo afirman los egipcios. La burocracia fue inventada en el mundo espiritual y... "como es arriba es abajo, y como es abajo es arriba", pues aquí, en tu mundo, también hay una gran burocracia, sobre todo en los países que menos pueden soportarla económicamente (¡Uf!, esto parece estar fuera de contexto...).

Retomo: a cada arcángel se le dio una tarea para que ayudara a crear y mantuviera viva esa creación. Así, tenemos a los setenta y dos ángeles que ayudan a los humanos recién nacidos; esto sigue una lógica. El mundo espiritual no tiene tiempo como el terreno. Aquí, en mi mundo, todo es un Eterno Presente... Sí, ya sé que estás pensando que es muy difícil de entender, pues entonces lo voy a explicar fácilmente para ti. Como es un Eterno Presente, hubo ángeles que se encargaron de crear la tecnología más avanzada de tu momento y de los momentos futuros que en tu presente terreno no han llegado aún. Por eso puedes estar seguro de que cuando tienes problemas con la más sofisticada de las computadoras, puedes solicitarle al ángel encargado de ellas que te ayude.

Ahora volvamos al punto de la energía que manejamos. Los seres que manejan mayor energía –hablando en serio, no es por burocracia, sino porque la necesitan para cumplir con sus responsabilidades– son los seres que están más cerca de Dios.

¿Has estado alguna vez en algún lugar donde se genera electricidad? ¿Te diste cuenta de que los cables que salen de los generadores son de acero y muy gruesos? Esos que ustedes llaman cables de alta tensión son muy distintos al cable que lleva luz a un bombillo; y aún más endeble es el que lleva electricidad a un timbre o el cable del teléfono. Si pusieran el cable de alta tensión para encender una lámpara o bombillo, se fundirían; lo mismo pasaría con el timbre, amén del peligro de causar un incendio. Y esto mismo también sucede en el mundo angelical: para poder estar cerca del generador, en este caso "el Innombrable", se necesita tener unos cables de alta tensión que aguanten la tremenda energía que emana.

Estos ángeles deben ser muy poderosos por la cantidad de energía que viene al unísono junto con los demás poderes. A medida que, por sus trabajos, se van alejando del generador (Dios), sus necesidades de energía son menores y, por lo tanto, poseen menos energía. Además, si realmente tuvieran más energía, podrían dañar a quienes se les acercan, o no podrían acercarse a los seres con los cuales tienen que trabajar. Ésta es la razón por la cual, en la escala descendente, los que poseen menos energía son los ángeles de la guarda o de compañía, para que tú puedas alcanzar la comunicación con ellos.

Regreso nuevamente al principio de la charla de hoy sobre nosotros: los ángeles. Para que lo ayudáramos en la Creación, Dios nos hizo co-creadores; y a cada uno de esos co-creadores, lo dejó cuidando y prestando servicio en aquello que ayudó a crear. Por eso la *Biblia* habla de nosotros como los ayudantes de Dios, sus ministros, siervos, mensajeros y "estrellas de la mañana".

No sé si sabes que la *Biblia* se escribió primero en arameo, el idioma que hablaba el Maestro Jesús de Nazareth, con una parte en hebreo antiguo. Primero, se tradujo toda en hebreo y de éste se pasó al griego. En esta segunda traducción (al griego), se formaron varias confusiones o costumbres. En griego, la palabra ángel quiere decir "mensajero", *Malak*; varios ángeles, *Malakín*. Posteriormente, se tradujo al latín y de éste a todos los idiomas de la Tierra.

Nosotros estamos trabajando intensamente por mantener "en pie" lo que ayudamos a crear, pero nos encontramos con fuerzas muy poderosas que están constantemente destruyendo nuestra creación y nuestra obra de conservación. Un ejemplo: tu planeta, ¡tu hermoso planeta! El más bello de la galaxia a la que pertenece. Él tiene un poderoso enemigo que quiere verlo destruido por completo y que, a veces, es superior a nuestras fuerzas: el humano.

Desde que comenzó a poblar al planeta, el ser humano empezó a dañarlo. Quemas y talas por doquier, hay basura en todas partes, contaminación en una escala incalculable. Nosotros tenemos brigadas de ángeles enviando energía de sanación al planeta. Esta energía se acrecienta cuando el sol está saliendo y también cuando se está ocultando. Por eso las personas que se hacen conscientes de esto, y meditan durante esos momentos, reciben asimismo sanación en sus cuerpos.

¿Sabes que se debe meditar en la madrugada? ¿Has oído hablar de esto? Es preferible hacerlo en esas horas porque es en ese momento cuando estamos reforzando nuestro envío de energías sanadoras, limpiadoras, regeneradoras; igualmente en el atardecer. En relación con el amanecer, es para nosotros más fácil a esa hora establecer contacto con ustedes, porque los cuerpos están relajados y muchas pasiones están dormidas.

Pero desde que los seres humanos comenzaron a pensar, no solamente empezaron a preocuparse por acabar con el planeta, sino también por comunicarse con la Divinidad. Y se dieron cuenta de que, como dijo Juan el evangelista: "Toda actividad humana o creada está dirigida por los ángeles". Esto fue reforzado por San Agustín, que escribió siglos después: "No hay profesión o actividad humana que no sea regentada por los ángeles". Así, observaron que todos los elementos de su entorno tenían un ser espiritual que los cuidaba, los protegía, los ayudaba. Ellos no sabían que éramos ángeles y nos dieron el nombre de dioses. A propósito de dioses, ¿sabías que algunos dioses de la Antigüedad, muy famosos y poderosos, en realidad son grandes arcángeles? Algunos de ellos son Osiris, Thot, Anubis, y otros.

Fue así que se dieron cuenta de que existíamos. A medida que nos estudiaron y establecieron contacto con nosotros, comprendieron que formábamos diferentes categorías debido a la energía que manejábamos, y también entendieron que hay seres que aunque no pertenezcan al Reino Angelical, sí pertenecen a un Reino inmediato y cercano al nuestro.

...Y llegaron a conocer sus nombres, e incluso a comunicarse con estos seres "geniecillos", los cuales los ayudaron, y ayudan, a mantener la floresta y la agricultura en general. Me imagino que habrás oído hablar de las hadas, genios, duendes... Pues, aunque no lo creas, existen. Igualmente, las salamandras que rigen el fuego y viven en él; y las ondinas que viven en el agua. Te aseguro que existen. Sólo que están en una dimensión muy cercana a la suya y son pocos los que pueden verlas. ¡Pero que existen, existen! Y sobre la categoría de estos seres estamos nosotros, los del Reino Angelical.

Los humanos nos han dado distintas clasificaciones. Las religiones cristianas tomaron oficialmente la categorización que Dionisio el Areopagita le enseñó a Saulo de Tarso, quien se cambió el nombre por Pablo y fundó la religión cristiana. ¡Epa! No pienses que estoy diciendo una herejía. Yo, tu ángel amigo Israfel, hago esta pregunta a ti[5]: "¿En qué parte de tus libros sagrados dice que el maestro Jesús fundó una religión?". Porque la fundó Pablo sobre la personalidad de Jesús de Nazareth...

Continuemos con las clasificaciones angélicas. Como es bien conocido, el pobre Pablo se tuvo que mantener escondido debido a que los romanos habían puesto un precio a su cabeza porque, según ellos, él había alborotado al pueblo con los temas sobre la igualdad y otros del estilo, lo cual no le gustaba para nada a los dueños del mundo de ese entonces. Y cuando menos lo pensaron, ¡zas!... Se les escapó a Grecia, donde fue junto con varios sacerdotes y sacerdotisas del nuevo culto. ¡No te me incomodes con lo de sacerdotisas! Si dudas de mí, tu amigo ángel, ve a tu *Biblia* y busca en el *Nuevo Testamento*, los Hechos de los apóstoles. Allí se habla de estas sacerdotisas que acompañaron a Pablo, y de María Magdalena, que una vez muerto el maestro Jesús se fue a diversos países a enseñar su doctrina.

Continúo con la historia acerca de cómo Pablo impuso su código de ángeles. En Grecia, quiso conocer a los miembros del Areópago. Éste era un tribunal ejemplo de todos los tribunales de la Tierra. Estaba situado en una colina de Atenas. El lugar donde los jueces se reunían para juzgar al reo era al aire libre, para no compartir el techo con un criminal (si es que verdaderamente lo era). Se llamaba areopagitas a los miem-

---

[5] La autora ha transcripto en esta obra la manera más exacta de la forma de hablar coloquial de los ángeles en el idioma español. (¡A veces no son muy duchos en colocar los pronombres personales!)

bros de este prestigioso colegio de jueces, quienes para poder pertenecer al mismo debían ser hombres de una honorabilidad plenamente comprobada. ¡Y muy ricos! Tan ricos que nadie pudiera comprarlos. ¿Qué te parece?

Cuando Pablo los conoció a cada uno, un areopagita llamado Dionisio despertó su atención, con él entabló una gran amistad. Los dos se complementaron porque tenían muchos conocimientos del mundo del espíritu. Dionisio sabía muchas cosas que Pablo no, y éste se dio cuenta de que su nuevo amigo le sería muy útil en las doctrinas que quería impulsar. Tanto es así que cuando Pablo se fue de Grecia, con su grupo, se fue también Dionisio, era entonces un ex areopagita.

Dionisio le enseñó a Pablo una división de nuestro mundo angelical: nueve estratos, y cada estrato dividido en tres. Éstos son números kabalísticos y esotéricos. Tres es el número perfecto porque representa al triángulo, éste, a la vez, es indicativo de Dios. Lo observamos en los emblemas de los masones y en la misma Iglesia Católica cuando se representa a la Trinidad: detrás del hombre viejo que para ellos personifica a Dios, hay un triángulo.

Tres veces el triángulo es la enéada, o sea, el *summum* de la perfección. Así, la división queda de la siguiente manera:

Ángeles
Arcángeles
Principados

Poderes
Virtudes
Dominios

Tronos
Querubines
Serafines

En esta lista, a medida que se pasa a un escalafón superior, aumenta el poder del ángel. Otras iglesias y filosofías han dividido al Reino Angelical según otras jerarquías distintas a ésta. La *Toráh*, según Maimónides, lo divide en diez. Sin embargo, todos los grandes doctores de la Iglesia Católica han mantenido el número nueve, pero han cambiado los nombres. Juan de Damasco ha reemplazado algunas denominaciones tradicionales por "Autoridades" y "Directores".

En realidad, tenemos muchas más divisiones. Te voy a explicar qué hacen y quiénes son estos ángeles mencionados en aquellos nueve coros de la lista:

Los *ángeles de compañía* son los que están más cercanos a tu realidad. Hay, sin embargo, personas que tienen como ángel de compañía a un gran arcángel. También hay ángeles que sin ser arcángeles, esto es, sin tener mando sobre otros ángeles, poseen una poderosísima energía y tienen a su cuidado a más de una persona. Se da, a veces, el caso de seres humanos que llegan a ser pareja, o a casarse, que tienen entre ellos una gran empatía, tienen designado el mismo ángel de la guarda.

Los *arcángeles* son jefes. El prefijo *arc* quiere decir "el que manda". Para que entiendas, vamos a comparar el mundo angélico con el mundo militar. En la milicia de cualquier país, todos los que están dentro del ejército son militares; desde el soldado que está prestando servicio hasta el general en jefe del ejército. Igualmente, en el mundo angélico, desde el angelito de la guarda hasta el Serafín, o cualquier otro arcángel que tenga mucho poder, todos son un ángel. En relación con la oficialidad, es como sigue. En el ejército terrestre, cualquier soldado que tiene mando, desde un cabo hacia arriba, es oficial. En el ejército angelical, todo arcángel es oficial.

Entre los oficiales de tu ejército, hay distintas categorías. Entre nuestros oficiales, o sea, arcángeles, hay muchas categorías. Así, un Trono es un arcángel, un Serafín es un arcángel. Igual que para ti un capitán es un oficial, un coronel es un oficial, etcétera.

Los *Principados o Principalidades* son los que unen a los humanos. Son los que cuidan a los líderes humanos; son protectores de las religiones. Para los egipcios herméticos, el jefe de los Pricipalidades es Surto. Los Principalidades son conocidos por los hebreos como los *Elohines*. (Sobre el desempeño de esta jerarquía en su relación con los seres humanos, se recomeienda el libro *Nueva forma de comunicación con los ángeles*, de la misma autora de este libro, Luz Stella Rozo.)

Los *Poderes o Potestades*. También conocidos como Autoridades, representan el nombre aplicado en griego al concepto "Las huestes del Señor". La tarea principal de estos seres angélicos es mantener el orden en los caminos celestiales. O sea que toda la organización funcione muy bien engranada en la Casa del Señor, gracias a los Poderes o Potestades, quienes tienen esta responsabilidad. Por tal motivo se encuentran combatiendo con los demonios que quieren revertir el orden en el mundo creado por Dios.

Los *Virtudes* son los ángeles que cuidan del medio ambiente en el planeta Tierra. Este coro es llamado por los hebreos *Malakín*, que son los mismos *Tarshishim*. Los Virtudes son más gregarios que el resto de los ángeles; siempre están en grandes grupos.

Los *Dominios* son los jefes celestiales. Desde su escalafón hacia abajo, todos dependen de ellos; están bajo su responsabilidad. Son mencionados junto con los Poderes y Principalidades en la *Biblia*, exactamente en el *Nuevo Testamento*, en la Primera Carta de Pablo a los Colosenses.

Los *Tronos* son conocidos también como Erelines, Fanines y Galanines. Residen en el Cuarto Cielo, y desde ahí cuidan los planetas. En la *Biblia*, son mencionados por el profeta Ezequiel, en el libro que lleva su nombre (Capítulo 1:7), donde el profeta describe, no solamente su gran majestuosidad y gloria en sus cuerpos hechos de fuego, sino, además, que estaban llenos de ojos en sus varios pares de alas.

Los *Querubines* son los guardianes de la luz y de las estrellas. Su nombre quiere significa "rezar u orar". Y aunque, aparentemente, están muy lejos, sus luces llegan hasta ustedes con mucha frecuencia. Ellos tienen una personalidad muy infantil; en la manera de hablar de los terrenos, se podría decir que tienen "alma de niño". Por eso se sienten muy identificados con los bebés humanos y ayudan mucho a los chiquitos en su duro aprendizaje de vivir.

Los *Serafines*, en la *Biblia*, en el libro del profeta Isaías (9:1-4), son descriptos por él mismo, y dice: "Siendo el año en que murió el rey Uzzías, vi yo al Señor sentado sobre un trono alto y sublime, y su falda llenaba todo el templo. Y encima de Él, estaban seis Serafines. Cada uno de ellos tenía seis alas. Con dos cubrían sus rostros, con dos cubrían sus pies, y con dos volaban. Y cantaban, respondiéndose el uno al otro: 'Santo, Santo, Santo es Yavéh de los Ejércitos. Toda la Tierra está llena de Su gloria'. Y los soportes de las puertas se estremecieron con las voces de los que gritaban…".

¿Deseas saber qué otras categorías de ángeles hay? Podría hablarte de los Aclamaciones, los Amshahpands, Arcontes, Adoradores, Ardores, Embajadores, Eones, Hasmallines, Ofanines, Elohines... (Nota del editor: su descripción completa aparece en el libro *Mundo de ángeles* de Luz Stella Rozo, editado por Llewellyn Publications.)

RITUAL CON CANELA ENTREGADO POR LOS ÁNGELES

Este ritual tiene por finalidad proteger la vivienda o el negocio, y atraer prosperidad. Debes hacer con polvo de canela una cruz, sobre el suelo de la casa, frente a la entrada de la puerta principal. También puedes hacer la cruz con dos ramitas de canela y pegarla por la parte trasera de la puerta, o por su parte delantera. Si deseas hacerlo con canela en polvo, otra opción es que busques una cajita, no muy honda, pequeña, donde dibujes con el polvo la cruz, y luego coloca la cajita al lado de la puerta, sobre el suelo, de manera que quien entre no la pise o patee.

Da Luz y amor a los que te rodean para que puedan progresar.
Así tu mundo (entorno) será más grato para
los demás y para ti.

Capítulo 3

Comunicación angélica con los humanos

Siempre, aun en aquellos tiempos en que el humano no era el ser pensante ni el alma bien constituida que es ahora, nosotros estuvimos con ustedes, porque hemos tenido un papel fundamental en la formación de la raza que puebla actualmente el planeta.

Fíjate que tu *Biblia*, en el Génesis (4:14 en adelante), narra que Caín, después de matar a su único hermano Abel, hijo como él de Adán y Eva, le dice a Dios: " '...Seré errante y extranjero en la Tierra y cualquiera que me hallare me matará'. Y salió Caín de delante de Yavéh y habitó la tierra de Nod, al oriente del Edén". En otras biblias dice que fue a la tierra de "los hijos de los hombres".

Ésa fue una raza de gigantes que nosotros ayudamos a formar. Ésos son los gigantes de los cuales habla la *Biblia* en el Génesis, Capítulo 6, allí mismo continúa diciendo: "...Y conoció Caín a su mujer, la cual concibió y parió a Enoch y edificó una ciudad y nombró a esa ciudad con el nombre de su hijo Enoch".

Imagino que en algún momento habrás oído hablar de Enoch, un patriarca muy famoso, un gigante en cuanto tamaño físico y también espiritual. Escribió 366 libros... Aunque esto es una leyenda, porque acuérdate de que se escribía en rollos de papiro, y el montón de rollos que dejó escritos se compilaron, así, el número final de libros resultó de la cantidad de rollos que cada libro contenía. Los más famosos son los libros *Primero* y *Segundo*, que están relacionados con todo el mundo angelical que él conocía muy bien porque estaba emparentado con los ángeles. La Iglesia Católica etíope los reconoce oficialmente como escritos por Enoch por inspiración Divina.

Enoch, al morir, fue convertido en Metatrón que es uno de los arcángeles más poderosos de nuestro mundo. Enoch fue llevado en cuerpo y alma al Reino de los Cielos. En la *Biblia* (Génesis 5:24) dice: "Caminó, pues, Enoch con Dios, y desapareció porque le llevó Dios".

Refiriéndose la *Biblia* a Enoch y a sus ascendientes y descendientes, habla de los grandes gigantes que vivían más de cien años. Enoch fue el padre de Matusalén que, según la *Biblia*, vivió más de 300 años. Esto se debe a que algunos ángeles tuvieron por misión mezclarse con las primeras mujeres de la raza humana, y engendraron en ellas a esos gigantes mitad humanos y mitad ángeles, como Enoch. Es una pena que, porque sus cadáveres eran incinerados, no hayan quedado vestigios tangibles de esta raza de gigantes, sino solamente narraciones.

Notarás, si sigues leyendo la *Biblia*, que aparecemos en casi todas sus páginas; por supuesto, me refiero a los ángeles. Pero no sólo en este libro sagrado hemos sido reseñados, también en todas las religiones y libros de la antigüedad de tu planeta. Hablaremos de esto en capítulos posteriores.

Respecto de lo que acabo de escribir me interesa recalcarte que si nosotros estuvimos en comunicación con la raza humana desde el principio de la humanidad, y eso ha sido reseñado en todos los libros sagrados, ¿por qué no habría de ser igual ahora?

Seguimos comunicándonos con ustedes. Lo único que necesitamos es que nos abran la puerta, porque no podemos forzar ni romper ningún acceso, ya que los humanos de tu plano terreno tienen libre albedrío y nosotros no podemos ir en su contra ni infringir ninguna ley Divina. Es más: el mismo Dios no infringe sus leyes, porque sería ir en contra Él mismo. Además, traspasar una de esas leyes podría causar un caos cuyos efectos son impredecibles.

Nosotros continuamos, y continuaremos, comunicándonos. De cada uno de ustedes depende hacer consciente esa comunicación, o mantenerla en el subconsciente. En muchos casos, por no permitir el paso de ciertas vivencias y emociones y no tomar conciencia de ellas, se han privado de vivir las mejores experiencias de sus vidas, incluso de darse cuenta de que son felices.

Nosotros somos los que hemos inspirado a los grandes compositores para que, en estados de "casi" éxtasis, compusieran las más bellas obras del repertorio musical universal. Voy a citarte alguno a modo de ejemplo, porque si los mencionara a todos, esto se convertiría en una guía telefónica... Jorge Federico Häendel, que aún ciego seguía componiendo las más hermosas piezas musicales de la raza humana, porque nosotros se las dictábamos; manteníamos un constante enlace entre él y nosotros. Y resultaron tan bellas que cuando una buena orquesta terrena interpreta a su Mesías, nos encanta venir a extasiarnos escuchándola. Otro compositor cuyas melodías han sabido describir la armonía y la belleza, casi tan perfectamente como si fuera la música de las esferas, es Wolfgang Amadeus Mozart. Por ese motivo, muchas personas cuando desean adquirir estados de ánimo sosegados y de perfecta paz, escuchan la música de este gran compositor. Asimismo, inspiramos otras manifestaciones del arte y la belleza: al escultor, al pintor, al escritor, al inventor, etcétera. Lo fundamental para que llegue esta inspiración es que quien la desee se entone con ella, y esté abierto a recibir y a poner en práctica lo recibido.

La pregunta que más se deben de hacer ustedes, y que hacen a las personas que son versadas en ángeles, es acerca de la manera de comunicarse con nosotros. ¡Es tan sencillo! Simplemente, tener constancia en el intento de establecer la conexión. Esto es "no tirar la toalla", es necesario tener en cuenta que pasados los dos minutos de estar meditando no sucede nada. Y luego, tener constancia en mantener la conexión, ya que es una conexión que si no se "usa" frecuentemente, se pierde.

Si realmente quieres comunicarte conmigo, es muy simple: no dejes de hacerlo. Aprende a entender nuestro idioma que es diferente al tuyo, porque es más sutil, menos directo. Ensancha tu sensibilidad ante las cosas del espíritu, por medio del desarrollo de los cinco sentidos. Agudízalos para que puedas escucharnos, vernos y sentirnos. Medita mucho y con constancia. La constancia siempre es premiada con el triunfo. Date cuenta de que, quizá, me estoy haciendo sentir en la caricia del aire; en el murmullo de las plantas en la fronda; en ese aroma que percibes, pero cuyo origen no entiendes; en esa palabra o frase que leíste en un sueño y que te dejó cavilando sobre su significado...

Siempre el ser humano ha querido comunicarse con la Divinidad, por eso el factor religioso es una constante en todas las culturas.

Si realmente quieres comunicarte con nosotros, te voy a dar algunos consejos que son infalibles. ¡Deséalo ardientemente! ¡Dínoslo para que lo sepamos! Repítelo en forma constante: "Ángel mío, quiero comunicarme contigo. Quiero sentirte con todos mis sentidos, quiero que seas mi mejor amigo, mi mejor consejero, mi mejor guía y mi mejor compañía".

Comienza por elevar tus vibraciones. No permitas que estados anímicos negativos las bajen, tales como apatía, desidia, negatividad, agresividad, lujuria (una cosa es la lujuria y otra distinta es el amor; éste es el sentimiento más hermoso y sublime que pueda expresar el ser humano), ira, rabia, celos, deseos de venganza, y un sentimiento feísimo que tienen muchos humanos que es vergonzoso: la envidia. ¡Cómo es posible que una persona como tú pueda caer en las garras de la envidia! Sentir envidia es aceptar que eres menos que la persona o la situación envidiada. Recuerda: nadie patea a un perro muerto, nadie se preocupa por él; solamente los insectos depredadores para los cuales es un manjar. Entonces, si envidias a alguien, eres el insecto depredador o el ave de rapiña que busca los despojos, en lugar de ser el ángel que se alegra porque a un semejante tuyo le ha ido o le va bien.

Para facilitarte la comprensión, voy a describir la explicación en forma de diálogo entre tú y yo. Tú preguntas (letras bastardilla) y yo respondo (letras en redonda o normal).

—*¿Uno tiene un ángel tutelar siempre?*
—Varios.

—*¿Por qué dices que varios?*
—Porque los ángeles somos una especie gregaria como también lo es el ser humano. Nunca verás un ángel solo; los ángeles siempre estamos acompañados por nuestros congéneres. En primer lugar, eso se debe a que nos sentimos muy bien en compañía de los otros ángeles y, en segundo lugar, es por el manejo de la energía en el mundo espiritual, debemos acompañarnos para protegernos. Siempre nos estamos encontrando con los del bando contrario que actúan como "matones de barrio"; gustan de andar en pandillas. Si estamos varios ángeles protegiéndote, cuando vengan varios matones (o uno solo muy fuerte) no podrán contra la energía sumada de quienes estamos a tu lado.

—*Pero ¿hay alguno específico que se queda con uno durante todas las reencarnaciones?*
—No, solamente en la reencarnación en la que han sido asignados para cuidar y velar de ese ser que está en evolución.

—*Y cuando morimos, ¿él nos guía en los otros planos?*
—Él te guía hacia donde debes ir, donde debes estar. Te lleva, te ubica y tiene que dejarte. Pero no te preocupes, te deja en "muy buenas manos".

—*¿No se quedan con el alma en ese lugar, para continuar con ella en las próximas encarnaciones?*
—Al regresar, en la próxima encarnación, es necesario tener otros guías u otros protectores que tengan mayor elevación espiritual, para que te puedan ayudar en tu evolución. Esa evolución no es solamente para el encarnado, sino también para el ángel que está ayudando en la superación del humano.

—*¿Puede presentarse la posibilidad de que uno en alguna otra reencarnación se encuentre con el mismo ángel?*

—Por supuesto que sí, aunque no sucede con frecuencia. Son seres especiales que están evolucionando juntos. Particularmente, cuando se ha ganado un grado de evolución especial.

—*¿Es cierto que los ángeles están evolucionando por el trabajo que están desempeñando con nosotros como nuestros ángeles de compañía?*

—Claro que sí.

—*Entonces, ¿cuanto más trabaje un ángel con nosotros, más evoluciona?*

—Sí.

—*¿Esto significa que debemos portarnos muy mal, para que el ángel evolucione?*

—No es así: no es portarse mal. Es darle cabida en tu vida terrena en todas las formas que puedas imaginar. Tú vives dentro de la ley del libre albedrío, y el ángel responde al ser cuando éste necesita que el ángel lo abogue o lo ayude. La persona puede portarse mal; es su libre albedrío. A veces, la persona que está en evolución reacciona en el momento en que hace algún daño; si esa reacción es positiva, es porque el ángel ha podido penetrar en su conciencia, y si consigue que ese humano cambie su actitud de vida y busque nutrientes para su evolución espiritual, habrá logrado evolucionar también con él.

—*¿Qué sucede cuando se cambia de ángel, y por qué ocurre ese cambio?*

—Hay mucho dolor cuando hay cambio de ángel. Es como una emanación propia de la persona.

—*¿Y qué quiere decir eso de emanación propia de la persona?*

—Tu ángel y tú están conectados directa y estrechamente por un cordón muy parecido al que une la vida terrena con la espiritual. El espíritu está unido a la carne material. El ángel guardián, o sea, el espíritu que guarda por ti, también está conectado a ti directamente. Debe existir un dolor muy grande para que haya una ruptura.

—*¿La ruptura produce el dolor?*

—En realidad, circunstancias que no tienen nada que ver con esa ruptura son las que provocan ese dolor. Puede ocurrir que sea algo que estremezca, que haya deseo de dejar todo a un lado.

—*¿Ese deseo proviene de parte de quién, del ángel o de la persona?*
—Del ser humano terreno.

—*¿Qué motiva que el ángel se vaya?*
—La evolución del ser terreno.

—*De acuerdo con esto, cuando yo evoluciono, ¿mi ángel se va?*
—Cuando no evolucionas como debe ser. En el momento en que fuiste enviado a la Tierra, a este planeta, para evolucionar, se hizo una especie de trato. Si no evolucionas, comienzas a despertar el alma al término que se acordó. El alma comienza a darse cuenta de que no está cumpliendo con el compromiso que asumió. El ángel decide partir y enviar otro en su reemplazo. Son tratos directos y el espíritu de la persona encarnada acepta o no acepta ese trato, depende de su comportamiento aquí, en el planeta.

—*Cuándo se va el ángel, ¿queda en algún momento el ser humano terreno sin ángel de la guarda?*
—Hay muchos ángeles a tu alrededor, pero uno será el que esté más ligado a ti.

—*Al partir el ángel más unido a la persona, ¿hay algún momento en que ella se queda sin ángel titular?*
—Son microsegundos en tiempo terreno. Pero recuerda que nunca estarás solo, ni siquiera durante ese microsegundo, porque permanecerán contigo los otros ángeles que permanentemente están a tu alrededor.

—*Realmente, de acuerdo con lo que me dices, la persona nunca está sin ángel de compañía o de la guarda.*
—Así es.

—*Si los ángeles están siempre en completa evolución, entonces llegará un momento en que dejen de evolucionar, es decir que no evolucionarán más. Noso-*

tros estamos acostumbrados a que siempre ha habido, y habrá, un arcángel Rafael y un arcángel Miguel, por nombrar solamente a dos. ¿Podrá suceder que ellos dejen sus lugares? ¿Que nos digan que ellos ya no están ahí, que ya se fusionaron con Dios? ¿Cómo funciona eso?

—Siempre habrá un Rafael y un Miguel. Son nombres para identificar una energía que está en un determinado lugar. Hay muchos "Miguel".

—¿Será por eso que de pronto en una canalización se presenta un "Miguel" y le dice a uno mentiras?

—No hay mentiras en Miguel; son otras entidades.

—¿Dónde están los ángeles de las personas que se encuentran desorientadas después de haber desencarnado?

—Están en un estado como si estuvieran dormidos. Ustedes hacen que ellos se duerman. Los ponen tristes, "fuera de servicio". Cuando los seres humanos terrenos no están solicitando la ayuda de sus ángeles, éstos quedan como suspendidos en sus facultades. Ustedes no los llaman, no les dicen: "Yo estoy contigo y quiero que tú estés conmigo". Entonces, el ángel queda "dormido" hasta el momento en que la persona esté en peligro. La señal de peligro despierta al ángel. También, hay otros ángeles que se pierden, porque nunca les han solicitado sus servicios.

—Eso me parece absurdo. Porque, por ejemplo, un aborigen del Amazonas que no sabe que existe su ángel de la guarda, ¿cuándo lo va a llamar?

—Sí, ellos lo llaman según su propia creencia, su idioma, y le dan otro nombre; pero, en definitiva, resulta ser lo mismo. Ellos creen que hay espíritus que los guían y los cuidan, éstos son los que ustedes llaman ángeles.

—En relación con este tema de los ángeles que acompañan a las personas, ¿la energía de ellas es la que determina la cantidad de ángeles que rodean a cada una?

—Sí, depende de la vibración del ser.

—¿Por qué cuando ustedes se materializan proyectan la figura de un ángel siempre con plumas?

—Ustedes fueron los que nos colocaron las plumas.

—¿Y quién fue el primero que les colocó plumas?

—Ya ni se recuerda... La misma *Biblia* dice que el ángel voló como el viento. Porque se hablaba metafóricamente, se hacían alegorías para describir nuestra traslación de un sitio a otro. Literalmente, sí se diría que volábamos, pero no materialmente.

—Pero lo que dice la Biblia en otro pasaje, acerca de que ustedes se presentaron como unos mancebos... Por ejemplo, en la época de Abraham, cuando se mostraron ante este patriarca para decirle que iba a ser padre de Isaac, a pesar de que tanto él como su esposa Sara eran muy viejos, ¿cómo fue esa "puesta en escena"? ¿Los tres ángeles mencionados estaban vestidos igual que los hebreos de ese tiempo?

—Eso no es cierto. Nos presentamos como una energía: con un rostro y con luces debajo de él y en lo que debía ser el cuerpo. Y a eso lo tradujeron como alas y vestidos blancos.

—Me imagino el susto que le dio a Abraham cuando los vio a ustedes. Por eso comprendo que siempre en la Biblia, cuando hay una aparición angélica, las primeras palabras del ángel son: "No temas".

—Hay muchos "No temas". Muchos...

PREPARACIÓN DE LA CASA PARA LA LLEGADA DE LOS ÁNGELES

Seguramente, cuando vas a brindar una fiesta, no solamente engalanas la casa sino que también te engalanas tú. Además, te preparas psicológicamente y cuando llegan los invitados estás de muy buen humor y optimista. De esta misma forma debes prepararte para nuestra llegada y permanencia en tu hogar.

Al elevar tu estado de ánimo, elevas tus vibraciones y la comunicación se hace más fácil. Para que esto sea permanente, pon durante todo el día (o la mayor cantidad de tiempo que puedas) música alegre que te levante el ánimo; pero no elijas música que te altere los nervios.

Permite que la luz del sol y el frescor del aire entren por todas partes, a raudales, en tu casa. De esta manera, facultas a los ángeles solares para que te visiten, así como a los ángeles que viven y trabajan en el aire, junto con seres muy hermosos que nosotros llamamos "elementales". Su energía, aunque muy clara y llena de Luz, no es tan poderosa como la nuestra, pero sí muy alegre, casi infantil.

Llénate de sentimientos bellos, riendo, cantando, bendiciendo constantemente. Asegúrate de que tu hogar, tu oficina, tu negocio, en fin, el lugar donde pasas varias horas durante el día, tenga varias plantas; y si tienes flores, mucho mejor. Enciende un incienso, nos gusta el aroma de las rosas, los nardos y los jazmines. Puedes encendernos algunas luminarias (velas, candelas). Así proyectas tu Luz hacia nosotros.

Lo ideal es que tengas un lugarcito, un rinconcito para nuestras citas o nuestras entrevistas. Lo vas a llamar "lugar sagrado" o "lugar de las citas Divinas", así como Moisés denominaba a la tienda donde iba a escuchar la Palabra de Dios. Si por falta de espacio no puedes contar con ese lugar en tu casa, al menos deja una silla o butaca para sentarte allí cada vez que nos quieras escuchar en una meditación: ese lugar se imantará con tu energía y la nuestra y cada vez el encuentro será más fácil.

Antes, siempre, o cuando quieras, pídele a Dios, a los Arcanos de la Trinidad Perfecta, a los arcángeles que gobiernan en el momento de tu petición, "a los que gobiernan en esta hora"... Pídeles que envíen ángeles para limpiarte y para subir tus energías con el fin de hacer más fácil el encuentro en un nivel de energía medio; al que tú puedas acceder y nosotros descender.

Ahora párate, si es posible, en medio de la habitación, y extiende tu mano dominante señalando hacia delante con el dedo índice situado a la altura de tus ojos. Visualiza y piensa que hasta donde llegue tu mirada y la energía que sale de tu dedo, hasta allí, llegará la protección, porque estás cerrando los campos magnéticos que te rodean; de modo que solamente puedan traspasarlos seres cuya energía sea comparable a la Luz, y al amor. Puedes incluso pensar que la energía que emites del dedo índice traspasa las paredes, para que el cuarto quede protegido desde afuera. Entonces, habrá seres que quedarán fuera y a los que tú, individualmente, podrás autorizar para que pasen, por ejemplo, tus padres fallecidos o tus parientes.

¿Cómo decirlo? Sinceramente, que te gusta que te den todo bien fácil, y dices: "Autorizo, manteniendo todas las protecciones que acabo de poner, que puedan entrar a este círculo mi papá, mi mamá, mi tía Elisa, el primo Juan, etcétera".

Entre los permisos que debes pedir está el que debes a tu maestro interno o al maestro interno de otra persona si tú vas a trabajar con ella. Me explico: si eres un médico, una enfermera, o un dentista, te irá mejor si les pides permiso y colaboración a los maestros y ángeles del paciente. Pide permiso, protección y ayuda a tu propio ángel. Igualmente, si eres paciente clínico, bendice las manos del cirujano o del dentista, en especial en el momento de la intervención quirúrgica, pidiendo a Dios, o a nosotros, o también a Dios a través nuestro, que guiemos sus manos; y que esa oración se extienda a cualquier otra práctica médica que haga con todos sus pacientes. ¡Recuerda orar por los otros!

Capítulo 4

Protecciones

Las protecciones son muy importantes; yo diría indispensables. Es necesario que comprendas dos cosas: el libre albedrío del que gozas nos impide a los del bando de Dios interferir con tu voluntad, al menos la expresada, mientras que nuestros enemigos, los enemigos de nuestro Amo, se llevan por delante todas las leyes con tal de salirse con la suya; son semejantes a esos delincuentes terrenos que no respetan ninguna ley.

Así, si tú no has solicitado que nosotros te protejamos, no podemos hacerlo. Quedas en manos de ellos, aunque tú tampoco has pedido o manifestado querer estar con ellos, atacan. O sea que, para librarte de estos malos, tienes que pedirnos protección. Otra cosa: nuestra protección caduca, es efímera…, por eso tienes que renovarla continuamente. Por ese motivo, el maestro Jesús decía que hay que ser constante en la oración. Esto quiere decir que debes estar protegiéndote frecuentemente, en especial en determinados momentos, como antes de salir de tu casa, cuando te levantas y te acuestas, y también cuando vas a abrir puertas dimensionales al entrar en una meditación, o cualquier clase de trabajo espiritual.

Sé que me vas a pedir una protección: te daré alguna, aunque más adelante veremos en detalle las protecciones astrales.

- Visualízate siempre dentro de una burbuja de protección, como si fuera una pompa de jabón iluminada por el sol, así puedes ponerle colores dentro. Ésos son rayos de energía beneficiosos para ti. Puedes trasladar la protección a otras personas: simplemente, las introduces dentro de esta esfera y les envías amor y Luz; y puedes añadir paz que hace mucha falta… Paz interior para la mayoría de tus hermanos de este bello planeta.

Cuando estés dentro de esta hermosa esfera, piensa que la circunferencia que hay a tu alrededor está hecha de energía enviada por Dios y Sus ángeles que no puede ser traspasada por ninguna energía que sea inferior a ella.

- Para otra protección, repite lo siguiente:

*Agradezco a Dios, porque ha enviado a Sus ángeles
a crear una esfera de oro de protección alrededor
de mis campos vitales, mi entorno, mis caminos y mis bienes.*

Y te visualizas con todos tus bienes, dentro de esa esfera de oro. Luego añades:

*Dentro de la esfera de oro hay una esfera de plata
que me limpia.*

Visualiza la esfera de plata emitiendo rayos plateados muy brillantes, limpiando dentro de las paredes de tus muebles e inmuebles, de tu cuerpo físico. Ahora, dices:

*Sobre la esfera
de oro (cubriéndola), hay una esfera de cobre donde choca
y es devuelta cualquier energía negativa que venga hacia mí.*

A partir de la segunda vez que hagas esta protección, repite:

*Agradezco a Dios, porque ha enviado a sus ángeles
a reforzar la esfera de oro…*

Esta protección debes hacerla por lo menos tres veces en el día. Si lo haces, podrás eliminar cualquier "trabajo de brujería" y evitarás que uno nuevo pueda llegarte.

Sí, ya sé que te quedaste pensando... ¿qué son campos vitales? Vamos a empezar por el principio. El ser humano está hecho básicamente de lo espiritual. El alma es tan grande que no cabe en el cuerpo humano, se desborda. Eso hace que se cree un campo energético por fuera del cuerpo físico. Pero fuera del físico no solamente sale la energía del alma, sino también la energía del espíritu que mantiene la vida en ese cuerpo y, además, la energía independiente de cada órgano y de los chakras que están manteniendo la vida en la zona que les corresponde. Todas esas energías, junto con las anímicas (porque los estados de ánimo también producen energías diversas que pueden ser positivas o negativas y que, al emitirlas, superan el campo físico) van formando un campo energético rodeando al cuerpo. Cuanto más evolucionado sea el ser, más grande es ese campo energético llamado Aura. Hasta donde llegan estas energías, llega el campo vital de una persona, porque hasta allí llega su vitalidad o vida. A medida que el campo electromagnético o campo vital de una persona va cambiando (evolucionando para mejor), la energía física presenta cambios sutiles: se hace más dulce, más dócil, más pacífica y sensible a los estímulos ambientales. Es muy importante que sepas que la energía psíquica se refleja también en el campo aúrico, produciendo sentimientos agradables que son percibidos por quienes se acercan al radio de acción de esa persona.

Capítulo 5

El nombre de tu ángel

Ustedes son tan individualistas que desean ardientemente que todo tenga un nombre, porque saber el nombre les da un sentido de pertenencia. Esto te hace creer que si no sabes el nombre de tu ángel, no hay conocimiento del mismo, confianza, ni esa sensación de propiedad. Como ya mencioné anteriormente, no somos muy amigos de dar nuestro nombre y mucho menos el que es sagrado y secreto. Los secretos se entregan a los viejos amigos que ya han sido probados de muchas formas a través de la amistad. Por eso, es mucha exigencia que en la primera cita ya lleguemos a esa confianza extrema.

Lo más importante, que ustedes a veces no entienden, es que podamos comunicarnos. Tú no te imaginas la logística que tenemos que desplegar para comunicarnos con alguno de ustedes. Estamos en dos planos diferentes, en dos dimensiones distintas y hablamos también de diferente forma. No sólo nos comunicamos mentalmente, sino por sonidos y movimientos de las manos. Voy a hablarte de nosotros, de nuestra comunicación. No podría escribirla, pero sí decirte que son sonidos, con letras muy abiertas, sonidos pequeños que se entrecruzan, sonidos que se encuentran, sonidos muy largos. Podría hablarte en señas.

Para comunicarnos con uno de ustedes, tenemos que cambiar la frecuencia y estar traduciendo su idioma al nuestro, y cuando damos la respuesta en nuestro idioma, lograr que cambie suyo. Por esta razón al ángel que está canalizando por primera vez le es muy difícil expresarse bien. Y aun cuando lo hace, con frecuencia, le faltan palabras, no entiende algunas expresiones y no sabe el nombre específico de plantas y lugares.

Conexión con ángeles

Si llegas a una meditación profunda, constante y llena de fe, ten la seguridad de que vas a recibir el nombre de tu ángel. Ya sé, persona de poca fe, cuál es tu pregunta y la voy a transcribir...

—*¿Cómo hace cualquier persona para conocer el nombre de su ángel, el que le ha tocado en esta encarnación, si no sabe o no puede llegar a meditación profunda?*

—Puedes llamarlo por tu propio nombre. Al final de tu nombre colocas las partículas "el" o "jahv"; y de esta forma puedes llamar a tu propio ángel.

Voy a darte un ejemplo con el nombre de la autora. Ella se llama Luz Stella, pero solamente usaremos su primer nombre. Le agregamos "jahv" y queda "Luzjahv", además podemos agregarle la partícula "el" al final y quedará "Luzjahvel": así está dando el nombre secreto a su propio ángel. Por lo general, los ángeles no dan este tipo de nombre, porque es secreto. En su lugar, dan lo que ustedes llaman pseudónimo (te dirá que se llama Carlos, Petra, Margarita, Humildad, etc.). Ahora, con esta fórmula, ya puedes invocar con toda confianza a tu propio ángel.

Quiero aclararte algo que seguramente ha llegado a tu mente: entonces, "todos los que se llaman Roberto tienen el mismo ángel". No; puede llamarse igual, pero no es el mismo ángel. Al igual que aquí, en tu planeta, todos los "Roberto" no son la misma persona; pueden tener el mismo nombre, pero no ser el mismo. La vibración es diferente y, cuando el nombre es mencionado por la persona, ellos saben distinguirse por la vibración del ser que lo emite.

El ángel se siente identificado con ese nombre. Cuando cualquier persona es llamada, el ángel inmediatamente se posa en la cabeza de ese ser. Me refiero a que un ser humano que te llame a ti, hará que tu ángel inmediatamente se pose sobre tu cabeza. Cuando se dice el nombre del humano terreno, es también como si se hiciera una invocación a su ángel guía o de la guarda, porque somos muchos; pero habrá uno que se identificará con tu propio nombre. Será el primero respecto a ti.

Hay una estrecha relación entre el nombre y la persona que lleva ese nombre. El nombre que le dan los padres a una persona incide en la personalidad del individuo, del ser. Es su marca. Así como marcan a algunos animales con hierro y fuego, así le ocurre igual al ser humano con su nombre que es guía para su evolución. El nombre incide en la personalidad, en el futuro, en la suerte terrena de ese ser.

Sé que estás pensando en varios nombres raros que conoces... Escribiré esta pregunta como si la estuvieras haciendo para poder contestarla mejor.

—*Cuando los padres les ponen a sus hijos nombres estrambóticos, como está de moda en algunos países latinos, y al pobre niño le colocan las iniciales de toda la familia, o la mitad del nombre del padre y la mitad del de la madre, por ejemplo, Xipelumacarju; porque su abuela materna se llamaba Ximena, el abuelo materno Pedro, la abuela paterna Lucía, el abuelo paterno Mario, el papá Carlos y la mamá Julia. Y a veces llevan solamente parte de los nombres de sus padres, por ejemplo, ellos son Rigoberto y Marlene y el "infelicito" se llama Rigomarle. En esos casos, ¿le están desgraciando la vida a Rigomarle y a Xipelumacarju?*

—Están causando el desequilibrio.

—*¿En qué afecta eso al nuevo ser que va a llevar por el resto de su vida ese mamotreto por nombre?*

—Depende de las letras empleadas. Hay iniciales que forman un nombre astral; sin darse cuenta, estarían dando su verdadero nombre al niño. Hay otros que crean el desequilibrio. No hay una resonancia completa en ese nombre; no vibra, sino que su pronunciación es cortante. Esa persona está vibrando mal; está en desequilibrio. Por el contrario, cuando le dan a una persona el nombre de otra que ya falleció (tal como era costumbre antes y ahora muy pocas familias la conservan), no afecta para nada a quien recibe el nombre de ese abuelo, tío, o quien sea, porque esa nueva persona no es la consecuencia o la continuidad del que partió. El nuevo ser humano terreno, al ser nombrado, tiene un nombre para él solamente. Es un decreto en el universo.

Debes tratar de hacer de tu nombre una luz que llegue e ilumine a los demás. No llega tu nombre: llegas tú. Tu personalidad y tú. Guía en la evolución. Eso es parte del servicio que debes prestar en esta encarnación, no es una coincidencia; es tu servicio.

—*¿Uno puede lograr que su ángel se comunique con el de otra persona para obtener algo?*

—Que nunca sea para dañar. Sin embargo, voy a contarte un secreto que ha sido guardado por milenios para que seas tú mismo quien actúe para bien sobre la otra persona. Envuélvelo en una burbuja; mételo dentro de ella. Que sea del color que quieras; si es brillante, mejor. Voy a hacer una aclaración que no es precisamente por ti, tú sabes que hay gente a la que le gusta hacer daño a los demás. Hay seres en tu mundo que utilizan estos pequeños secretos, en "magia", para dañar a otros seres. Diles que si van en detrimento de otros, no les funcionará.

Aclaración de la autora:

Debemos ser bien claros y saber que si queremos que el bien, la alegría, la paz profunda, el amor y todo lo bello que el universo tiene para ofrecernos nos llegue, y en abundancia, debemos siempre cuidarnos de lo que le hacemos a otros. Recordar constantemente la ley de la compensación. Esto es: lo que le hacemos a otros, eso mismo recibiremos y con añadidura. También debemos recordar una ley de la cual Dios y sus seres de Luz son muy celosos: la del libre albedrío. Por lo tanto, cuando queremos utilizar poderes mentales que los ángeles llaman "magia", debemos hacerlo siempre respetando el libre albedrío de los demás, las leyes Divina, y procurando que todo esté dentro del Plan Divino. Si no actuamos así, nos estaremos perjudicando a nosotros mismos, porque siempre quien obre mal, aunque sea inconscientemente, tarde o temprano, saldrá perjudicado.

—*Volviendo a "la burbuja", al meter a la persona en la burbuja, ¿qué objetivo logro?*

—Envolverla en tu mundo. Relacionarla con tu mundo y que esa persona sepa de ti.

PODER DE UBICUIDAD DE LOS ÁNGELES

En algún momento habrás escuchado que Dios tiene poder de ubicuidad, lo cual quiere decir que Dios está en todo lugar, en todo momento. Pues bien, los ángeles también tenemos ese poder. Podemos estar en determinado momento en varios lugares, depende de la energía que maneje cada uno de nosotros. Entonces, el arcángel Miguel puede estar en todas partes al mismo tiempo, y así otros arcángeles como Rafael, Gabriel, o Metatrón, también. Aunque, no vayas a creer que, en alguna porción de segundo, tú puedas quedar sin la compañía de tu ángel. Él puede estar haciendo una diligencia, un trabajo, pero al mismo tiempo está contigo. Más allá de que tu comportamiento no adecuado para él, sigue a tu lado.

Te entrego una oración muy corta y fácil de recordar para que te llenes de mucha confianza: *"Dios está conmigo. Él cuidará de mí"*.

Capítulo 6

Los distintos cuerpos del ser humano

Al inicio de este libro estuve hablándote de los distintos cuerpos que componen al ser humano. Considero vital para ustedes comprender qué es básicamente un ser espiritual, que porta, momentáneamente, un cuerpo físico "encima". Es indispensable saber que a ese cuerpo físico que les han "prestado" deben cuidarlo, mucho, porque de su buen estado depende, en gran parte, la calidad de vida que van a llevar en el planeta, igualmente debe ser la calidad de servicio que van a brindar. Esto es lógico: un cuerpo deteriorado, es decir, enfermo, no puede estar atendiendo a los demás, porque si uno de ustedes se enferma, solamente puede pensar en sí mismo.

Deberías ver a tu cuerpo físico como "el templo". Y ¿cuándo has visto un templo de Dios vuelto un estropicio? Eso es lo que hacen muchos humanos cuando no cuidan su cuerpo, cuando lo vuelven ruinas de miseria humana, con todos los vicios que puedan tener. (Yo te confieso aquí, entre nosotros, que si yo tuviera tu cuerpo, no te imaginas cómo lo cuidaría. Lo bañaría y perfumaría varias veces en el día, pasaría largo tiempo peinando y poniendo todas esas cosas maravillosas en mi bella cabellera... ¡Ay, me salí de contexto otra vez y me van a jalar de las alas!...)

Bueno, ahora ya sabes que hay que cuidar mucho el cuerpo físico. Además, posees un cuerpo anímico (alma) y un cuerpo espiritual (espíritu). Sí, como lo lees. El alma es una cosa y el espíritu es otra. ¿Te acuerdas cuando leíste la *Biblia*, o la Historia Sagrada, o te lo dijeron en la clase de Religión o en Catecismo, que Dios, cuando creó a Adán, lo hizo a partir de una pelota de barro? Te habrás imaginado un muñequito perfecto, igual a un ser humano, porque los libros sagrados dan a entender que ya estaba grandecito cuando eso sucedió. Cuando terminó esa perfección de muñeco, Dios echó aire por la nariz del muñeco de barro y le insufló vida... Lo que le envió fue su aliento Divino, parte de sí mismo, de su energía, esa parte que se llama espíritu y que mantiene la vida.

El alma, en cambio, fue formada desde un principio sin cuerpo, y comenzó –al entrar en distintos cuerpos, una vez cada vida– su largo peregrinaje de aprendizaje para volver a su origen: Dios.

Esto funciona así: cuando un ser humano va a nacer, se le destina por sistema automatizado un alma que toma vida en el momento en que el espíritu, a través de aire o *"nous"*, entra en ella. Prueba de esto es que si un niño no respira, o está muerto o será declarado muerto. Necesita el aliento de vida que es el espíritu de Dios. Al tener ese espíritu de Dios, el cuerpo físico se convierte en un templo de Dios. Y por estar hecho por el aliento de Dios, eres Su hijo y tienes, al menos en la parte espiritual y mental, Su misma esencia. Por lo tanto, desde el punto de vista genético, eres un "dios". Claro está que podríamos decirte un "diosito"; de ti depende llegar a ser "dios": desarrollar tus potencialidades Divinas y eliminar tus miserias humanas.

Cuando el cuerpo se deteriora por alguna razón, el espíritu, que entró después del alma pero que fue el que la "ancló" al planeta (el que permitió que ese ser pudiera vivir en este planeta), sale, y entonces el alma se queda sin "anclaje" y se va –al igual que un globo inflado con helio cuando se corta la cuerda que lo sostiene al suelo–, y comienza a elevarse y elevarse más, hasta desaparecer de la vista.

El alma sale lentamente del cuerpo, pero en forma automática, y éste queda sin vida, así comienza su deterioro. Lo lógico es que el alma inicie un proceso de retorno a su fuente: ese campo magnético que podrías llamar Dios, al lugar que le corresponde por su evolución, para seguir perfeccionándose, hasta una próxima encarnación. Pero, hay almas que en lugar de haber aprovechado esa encarnación para evolucionar se han estancado, por un motivo u otro, se han apegado a su entorno, o se han propuesto una obligación para cumplir antes de dejar el planeta; o tuvieron una muerte súbita y no se dieron cuenta de que el ser está muerto y, así, comienzan un peregrinar en el mismo planeta, aunque en un plano diferente. Esto significa que "están y no están", porque no tienen cuerpo físico para ser vistas y sentidas en el plano de lo físico y, entonces, les cuesta mucho trabajo comunicarse con aquellos que sí están vivos, a menos que esas personas tengan abiertas esas facultades de comunicación.

El tiempo de marcha normal es de nueve días; por eso algunas religiones realizan nueve días de rezos, para ayudar espiritualmente a despegarse de lo terreno y poder elevar sus energías hacia Dios.

El cuerpo etérico o astral es una copia espiritual del cuerpo físico. Cuando a una persona le cortan algún miembro u órgano, queda en la parte faltante una energía compuesta por el cuerpo etérico. El cuerpo etérico se va debilitando después de la muerte física, hasta llegar a desaparecer; su proceso de desaparición está muy ligado con el deterioro del cuerpo físico. Por eso, cuando se hace una cremación, así como no queda nada del cuerpo físico, tampoco queda nada del cuerpo etérico y el alma no tiene ese peso que la ancla indirectamente a la Tierra, en especial al lugar en donde reposa su cuerpo físico.

Esto que describo es algo que los antiguos egipcios sabían. Ellos, para que el cuerpo etérico o *Ba* no se fuera, embalsamaban muy bien al cadáver, así el *Ba* se quedaba. Además, construían las tumbas muy espaciosas para que el *Ba* pudiera pasear por ellas. Lo hacían porque creían que en la resurrección se iba a necesitar el mismo cuerpo que se había dejado en el planeta.

También te mencioné el cuerpo mental. Ya sabes que está compuesto por la mente que es la esencia de Dios. Es creadora y hacedora de milagros. Es la que te hace semejante a Dios, por su inmenso poder. Pero, lamentablemente, no la usas, o mejor dicho no lo haces bien, ni siquiera en la mitad de su potencialidad. Existen humanos que tienen la mente enferma, pocas veces a causa de enfermedades hereditarias y la mayoría de ellas por su propia maldad, o por su propia culpa de haber caído en los más bajos extremos de la miseria humana que destruyen su mente. Aquel que tiene la mente destruida es un despojo humano, el espíritu y el alma se sienten aprisionados, deseosos de partir hacia la liberación.

El cuerpo emocional es el que está compuesto por las emociones. ¡Qué lástima que no las cuides! Quiero decir que te dejas llevar por las peores emociones: de aprehensión, de temor, de angustia, de depresión... Así, enfermas a la mente y al cuerpo físico. Es muy importante cuidar este cuerpo para tener siempre las mejores emociones, las más bellas y altruistas y, en consecuencia, puedas disfrutar de una mente y un cuerpo sanos.

Visualízate sumergido en un aura de radiaciones cósmicas que producen regeneración y renacimiento en todos tus cuerpos.

Capítulo 7

El trabajo de los ángeles

Son numerosos los trabajos que desempeñamos. Muchos ángeles están encargados de cuidar lo creado, de mantenerlo vigente; otros tienen la tarea de entregar los "grandes descubrimientos" a la humanidad hasta concluir el proceso por el que ustedes puedan ver concretado, en su "aquí y ahora", esa supuesta "nueva invención" humana que debe contribuir a mejorar la calidad de vida, sanar enfermedades que surgen por la mutación genética de microbios, hongos y bacterias, etcétera. Y otros, además de cuidar lo creado, deben dedicar todo su tiempo a velar por el humano mismo; en todas sus actividades y orientaciones.

Nuestro trabajo lo hacemos con alegría. No tenemos libre albedrío como ustedes. Pero sí tenemos la posibilidad de renunciar a no tener libre albedrío (de esta manera, elegiríamos tenerlo) y esta renuncia conlleva todas las prerrogativas del Reino Angelical. En otras palabras: en el momento en que renunciamos a no tener libre albedrío, estamos renunciando también a ser los ángeles de Dios; justamente, por tener la posibilidad de elegir, ya que no es una condición que se nos impone.

Evolucionamos al igual que todo lo creado, y por eso nos sentimos muy felices cuando un mortal nos solicita ayuda, porque ayudándolo a él estamos sirviendo a Dios. Además, como es nuestro trabajo, nuestro deber, nos sentimos dichosos de poder desempeñar exitosamente lo que nos ha sido encomendado. Cuando se decide que vas a volver al planeta y el desempeño que vas a tener, el ángel que te ha sido asignado se compromete también a trabajar aunado contigo para ayudarte a lograr el objetivo. Por lo tanto, el ángel está muy feliz con tus logros y se siente muy motivado a trabajar arduamente para llegar, entre los dos, a la meta. En cambio, cuando la persona se aleja de los caminos que la deben conducir a la meta, el ángel se va desilusionando al ver que todos sus esfuerzos son vanos y va cayendo como en un estado de abatimiento.

Dentro de nuestro trabajo se incluye, tal como dice el Apocalipsis, prestar servicio también sobre los elementos, las horas, los días, los meses, los años, en fin, sobre todo lo creado. Por eso, cuando vayas a realizar alguna actividad, puedes pedir permiso, orientación, protección y ayuda a los ángeles que están gobernando en esa hora; son varios (por no decir muchos). Asimismo, cada día del año también prestan servicio miles de ángeles, pero uno es su jefe. A continuación, voy a detallar los nombres de los ángeles que gobiernan en cada hora del día.

Verás que el día está dividido en veinticuatro partes que no son exactamente lo que ustedes denominan horas (un espacio de tiempo dividido en sesenta segundos). No es un tiempo fijo, ya que está determinado por el tiempo que se demora el sol en brillar y por el tiempo que perdura la oscuridad. Las horas en que el sol está brillando sobre el lugar donde estás son las horas diurnas, y durante el tiempo que dura la oscuridad transcurren las nocturnas que, por lógica, son menos en algunos lugares, como en España en verano, donde el sol se oculta a las once de la noche y sale a las cinco de la mañana. De todas maneras, de acuerdo con este cuadro, el tiempo sin sol se divide en doce partes que se llaman "horas", aunque, como acabo de explicarlo, no son de sesenta segundos.

LAS 24 HORAS DEL DÍA Y SUS GOBERNADORES

Horas Día	Domingo	Lunes	Martes	Miércoles	Jueves	Viernes	Sábado
1	Miguel	Gabriel	Samael	Rafael	Sakiel	Anael	Cassiel
2	Anael	Cassiel	Miguel	Gabriel	Samael	Rafael	Sakiel
3	Rafael	Sakiel	Anael	Cassiel	Miguel	Gabriel	Samael
4	Gabriel	Samael	Rafael	Sakiel	Anael	Cassiel	Miguel
5	Cassiel	Miguel	Gabriel	Samael	Rafael	Sakiel	Anael
6	Sakiel	Anael	Cassiel	Miguel	Gabriel	Samael	Rafael
7	Samael	Rafael	Sakiel	Anael	Cassiel	Miguel	Gabriel
8	Miguel	Gabriel	Samael	Rafael	Sakiel	Anael	Cassiel
9	Anael	Cassiel	Miguel	Gabriel	Samael	Rafael	Sakiel
10	Rafael	Sakiel	Anael	Cassiel	Miguel	Gabriel	Samael
11	Gabriel	Samael	Rafael	Sakael	Anael	Cassiel	Miguel
12	Cassiel	Miguel	Gabriel	Samael	Rafael	Sakiel	Anael

Horas Noche	Domingo	Lunes	Martes	Miércoles	Jueves	Viernes	Sábado
1	Sakiel	Anael	Cassiel	Miguel	Gabriel	Samael	Rafael
2	Samiel	Rafael	Sakiel	Anael	Cassiel	Miguel	Gabriel
3	Miguel	Gabriel	Samael	Rafael	Sakiel	Anael	Cassiel
4	Anael	Cassiel	Miguel	Gabriel	Samael	Rafael	Sakiel
5	Rafael	Sakiel	Anael	Cassiel	Miguel	Gabriel	Samael
6	Gabriel	Samael	Rafael	Sakiel	Anael	Cassiel	Miguel
7	Cassiel	Miguel	Gabriel	Samael	Rafael	Sakiel	Anael
8	Sakiel	Anael	Cassiel	Miguel	Gabriel	Samael	Rafael
9	Samael	Rafael	Sakiel	Anael	Cassiel	Miguel	Gabriel
10	Miguel	Gabriel	Samael	Rafael	Sakiel	Anael	Cassiel
11	Anael	Cassiel	Miguel	Gabriel	Samael	Rafael	Sakiel
12	Rafael	Sakiel	Anael	Cassiel	Miguel	Gabriel	Samael

Para finalizar este capítulo, los ángeles que gobiernan las distintas horas de tu tiempo calendario me han encomendado que te cuente que la palabra "Dios", en cualquier idioma, tiene la frecuencia de las vibraciones más altas del vocabulario. Por eso, te recomendamos la siguiente oración:

Yo soy Dios en acción,
yo soy Dios en salud,
yo soy Dios en buen humor,
yo soy Dios en alegría,
yo soy Dios en felicidad para todos,
yo soy Dios en fuerza,
yo soy Dios en Luz,
yo soy Dios en amor.

Capítulo 8

Guía para contactar tu poderosa energía

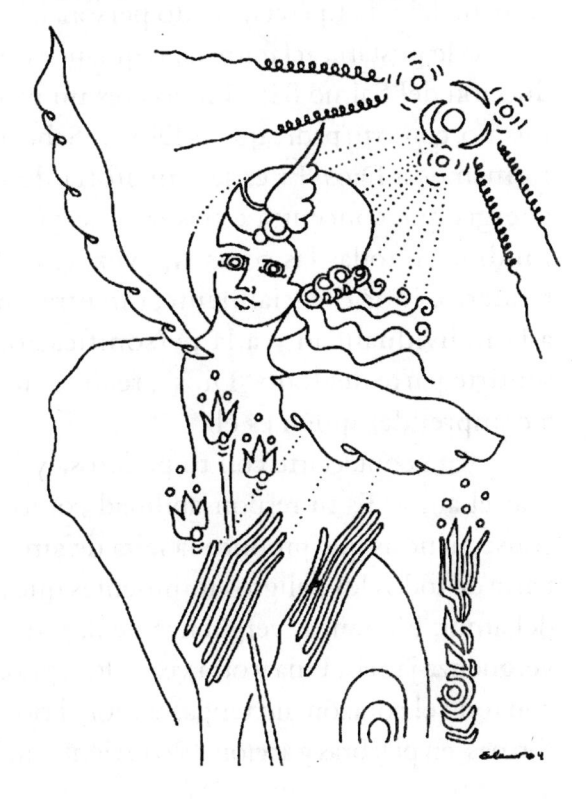

Antes de comenzar a leer este capítulo, es necesario que te conectes con mi esencia a través de la meditación. Recuerda: mi energía es la del arcángel Rafiel. Una vez que finalices la meditación, no hagas nada que te pueda distraer, es decir que pueda bajar la frecuencia vibratoria que habrás alcanzado que es necesaria para una mejor comprensión del tema desarrollado en este capítulo, y su posterior empleo será en beneficio de tu crecimiento personal.

Me gustaría aclararte algo que no se atrevieron a poner en la traducción del Salmo 82: "Tú no eres un pedazo de Dios. Tú eres Dios mismo, como tu padre que es Dios". ¿Sabes por qué? Porque entre todos formamos a Dios. Él es la sumatoria de todo lo creado. Es la gran energía que concentra todas las energías. Es la mente universal difundida en todas las cosas. Tal vez, te resulte poco complicado entenderlo, ¿no? Especialmente, mientras más apegada esté la persona a la individualidad y a la personificación... Cuando comiences a sentirte parte del todo "Dios", realmente empezarás a vivir mejor y a comprender quién es él.

Para contactarte con tu poderosa y Divina energía, debes sublimar el amor. Es tu responsabilidad como ser humano salvarte de las consecuencias que produce la falta de amor. La única manera de escaparte de todos los peligros inminentes que hay en tu planeta es a través del amor. No tengas vergüenza de dar tu amor a quien sea, no tengas vergüenza jamás. Una y otra vez te lo repito, mil veces: expresa tu amor con todo el corazón, no tengas temor al ridículo. Exprésalo en todas las formas, en palabras y acción. No te sientas inferior por dar amor ni temas de que se puedan burlar de ti por tu condición amorosa, porque eso no sucederá. Lo que va a salvar al planeta es el amor.

En este momento humano terrestre, el planeta está demasiado poblado de ignorancia; pero se puede contrarrestar dando mucho amor.

En este momento, justo cuando estoy escribiendo estas palabras para ti, llega la presencia luminosamente bella de un ángel que se llama Aczajel, que manifiesta que ha estado preparando el terreno para ti y tiene para darte el siguiente mensaje:

*"Lo que aprendes no es equivocado ni tampoco lo que haces.
Todo tiene una razón de ser, todo tiene su motivo, y tu motivo no es igual al motivo de otro ser, pero todo encaja, todo funciona a la perfección.
Aquí estoy yo para decirte que el camino por el que vas es el camino correcto.
Que esto te sirva para tu tranquilidad y te dé confianza.
Que te sirva esto para tu elevación, te mantenga alerta y te produzca bastante alegría.
Es la bendición de Dios en ti."*

TOMANDO LA ENERGÍA DEL ORO

Para conectarte con tu propia esencia, coloca una pieza de oro en un recipiente grande para depositar agua, así, la pieza soltará poco a poco microscópicas partículas de oro en el agua que luego tú tomarás. Para mantener la salud en todo tu cuerpo físico, es necesario que esas minúsculas partículas de oro estén circulando por tu sistema sanguíneo. Es igualmente necesario portar una joya de oro que esté en contacto con tu piel.

Yo sé que en algunas regiones de tu planeta llevar oro es peligroso; pero puedes tener una cadena de oro, u otra pieza oro, que aunque oculta por tu ropa (sin ser vista por los demás), esté rozando tu piel. Este trozo de oro te servirá de protección. Una protección superior a la de las piedras, porque el oro no se descarga y él mismo se limpia.

Si estás lleno de amor y portas una pieza de oro sobre tu piel, además de tomar el agua imantada con este precioso metal, ya estás listo para conectarte con tu poderosa energía. El amor es la energía más poderosa que existe, y el oro es la representación del sol. A la vez, el sol es la representación de Dios. Al tener en ti estas dos energías, te integras a tu Divinidad.

Ve a meditación y siéntela; practícala todos los días, hasta que realmente la sientas. Entonces, comenzarás a expandirla; y cuando lo logres, estarás listo para hacer milagros en tu vida, en tu entorno, en la vida de los demás, porque te habrás unificado con Dios.

Te voy a dar una iniciación que te permitirá alcanzar niveles de conciencia más sublimes y elevados. Para lograr los mejores resultados, debes dedicarte al servicio de Dios y de tus semejantes. Esto no quiere decir que te vas a convertir en un asceta o anacoreta, sino que desde tu vivir diario, irás elevando tus vibraciones en el amor. Debes practicar con disciplina y constancia la visualización, ser capaz de sostener mucho tiempo la concentración, poseer control sobre tu mente y tu sensibilidad, lo cual se logra únicamente con largas horas de práctica de la meditación.

En los rituales, el aspirante no solamente tiene que visualizar algo, sino visualizarse a sí mismo como ese algo. Por ejemplo, visualízate como si eres el Árbol de la Vida. Hay que olvidarse de todo lo que te rodea, excepto del símbolo que tienes delante y del cual tú debes sentir que formas parte. Para lograrlo, puedes comenzar haciendo meditaciones en las que concentres tus energías en un símbolo y captes todo lo que éste te transmite. Por ejemplo: una estrella, la cruz, o el mismo Árbol de la Vida.

Con este ceremonial puedes hacer contacto con entidades invisibles en tu plano consciente, como por ejemplo ángeles, o también con otros seres de Luz que no son ángeles.

En el lugar donde vas a meditar, colocas dos pilares que puedes hacer con cualquier material, si quieres puedes revestirlos de flores, incluso mezclando naturales con artificiales. Uno lo colocas orientado hacia el norte, de manera que quede a tu izquierda, y el otro, al sur, situado a tu derecha. Si tienes una espada ceremonial, colócala en el este, o puedes colgarla en la pared. En el centro, pon la figura de un ángel. Quítate los zapatos y, si es posible, ponte ropa toda blanca. Frente a la figura del ángel, debes tener una lámpara encendida. Pon música de cámara, si tienes de Juan Sebastián Bach; y de su repertorio puedes buscar algunas de las siguientes obras: *El Magníficat*, *Oratorios*, *La ofrenda musical*, o *La Pasión según San Mateo*.

Cuando esté todo listo, te proteges, tal como ya has sido instruido, pides permiso a tus ángeles y a tu maestro interno y repites la siguiente oración tomada del Salmo 91:

"Con sus plumas (las de los ángeles) me cubrirán
y debajo de sus alas estaré seguro.
No tendré temor de espanto nocturno
ni me sobrevendrá mal, ni plaga tocará mi morada.
Pues Dios ha mandado a Sus ángeles
para que me guarden en todos mis caminos.
En las palmas de sus manos (la de los ángeles)
me llevarán para que mi pie no tropiece en piedra alguna.
Andaré sobre víboras y leones,
y pisaré cachorros de basiliscos y dragones
y no me sobrevendrá mal alguno.
Puesto que en Dios me acogí,
Él me librará y me pondrá en alto,
por cuanto he conocido Su nombre."

Luego de realizar la oración, invoca a los cuatro ángeles que gobiernan los cuatro puntos cardinales:

- Rafael: Oeste
- Gabriel: Sur
- Miguel: Norte
- Uriel: Este

Seguidamente, procede a invocar a cualquier ser de Luz para que te sirva como maestro. Será un maestro escogido o elegido. Debes tener una frase de contraseña, tales como "La Luz Divina brilla en mí", "El amor de Dios me da fuerza", u otra. Luego, eleva algún signo; puede ser el de la cruz, un saludo con tu cuerpo hacia delante, o también puedes colocarte uno de los dedos índice sobre los labios.

Visualiza que entras a un templo, vestido con una túnica blanca y descalzo. No necesariamente tienes que tener la túnica puesta, sino visualizarla. Te ves entrando en un hermoso templo (quizá sea estilo griego, romano o egipcio), y visualizas las columnas y el templo por dentro. Lo imaginas como en realidad debe estar tu *sanctum* en este momento: en la penumbra, o iluminado por la luz que sale de tu luminaria situada en medio del altar.

Ahora, ya estás listo para empezar el ritual que consistirá en encender incienso con aroma de nardos. Luego, te sientas tranquilamente, sin pensar en nada, mientras te dejas llevar por la música sagrada de Bach, música que ha sido inspirada por nosotros, los ángeles. Después de pasar unos minutos escuchando la música sin permitir que tu mente divague, dirige tu atención hacia algo que deseas realizar en orden Divino y por la Gracia Perfecta. Es decir, algo que quieres lograr y que de ninguna manera podrá perjudicarte a ti ni a ninguna de las personas vinculadas o involucradas. Al revés, la obtención o la realización de esto va a ser para tu bien y el de las otras personas; lo cual indica que la Voluntad Divina se manifiesta.

Focaliza tu mente en esto durante tres minutos, analizando todos los pormenores positivos, dándole fuerza. Luego, durante dos minutos, visualiza que esa circunstancia está suspendida en el aire y que tú, desde tu plexo solar y desde tu Tercer Ojo, proyectas una fuerza que cada vez lo hace más fuerte, más consistente, más real, más cercano. Hasta que lo sientes sobre ti y, entonces, entras en esa realidad y sientes que la vives. Permanece en este estado todo el tiempo que quieras, viviendo esa realidad que deseas.

Luego, para terminar, levanta ambos brazos al cielo y, mirando hacia lo alto, repite en alta voz: "¡Fiat!" (quiere decir "¡hágase!" o "¡hecho!"). Finalmente, toma una respiración profunda y exhala el aire con energía, sonriendo. Te sientes feliz, porque es un hecho cumplido.

Yo, Israfel, no quisiera concluir este tema sin decirte lo siguiente: una persona que está en el camino espiritual, para poder discernir con sabiduría debe, en primer lugar, reconocerse como ser Divino, practicando muchísimo la conciencia "Yo Soy un Ser Divino. Yo tengo que aceptar que mi cuerpo sólo aloja a un ser Divino. Le quiero dar la oportunidad. No dejo en absoluto que ninguna emoción altere esta condición". Ésa es la práctica: controlar todas las emociones. Debes estar en un estado apacible, mas no indiferente (aquí hago esta aclaración importante de que no debes ser indiferente), porque la indiferencia también es una polaridad. Si logras ese estado de ser apacible, habrás alcanzado una nota tonal magnífica, maravillosa, que te hace dilucidar exactamente y discernir quién es ese ser que intenta suprimirte, ¡que constantemente está poniendo trabas en lo que quieres hacer! Y que está frecuentemente diciéndote: "¡Ten cuidado! ¡Puedes tropezarte!". Aun tu propia madre puede ser una invalidadora de tu camino desconociéndolo, inconscientemente. Un invalidador es un supresor y se encuentra en todo momento en cualquier parte.

Recuerda la práctica: darle cabida a toda hora y en todo momento a tu propia Divinidad. Nosotros somos maestros, seres de Luz, ángeles, los que transmitimos la idea. Si tu ser Divino es perfecto, es sabio, recopila toda la información que te transmitimos.

Recuerda que no debes depender de nadie: debes estar absolutamente confiado en tu ser. Ese ser todopoderoso que inunda tu vehículo físico, es decir, tu cuerpo, y que en este momento se encuentra perfectamente asimilado a ti. No coartes su poder y su desarrollo bajando tu escala vibratoria. Aliméntate de manera muy sana. Ingiere la mayor cantidad de vitaminas y minerales que te sea posible, porque el trabajo va a ser fuerte y tu ser Divino necesitará un receptáculo perfecto para que tu trabajo se pueda llevar a cabo.

Tanto a las vitaminas como a los minerales debes tomarlos de la ingesta directa de vegetales. Asume esta verdad: muchas propiedades de los vegetales se pierden en la cocción; por eso, come muchas frutas y vitaminas de preparación natural, nunca nada que contenga químicos o fármacos de ninguna especie. Vitaminas, calcio, magnesio, caminar... Todo fortalece mucho tu cuerpo físico; cuídalo mucho, purifícalo mucho. Evita la ingestión de aspirina, salvo que, por tus condiciones físicas, el médico te la haya prescrito.

Los mejores ejercicios para ti son respirar profundamente y caminar. Caminar mucho, no hasta cansarte, sino hasta integrarte con el éter. Es muy necesario integrarte a la naturaleza para que pueda exitir esa cabida que se da cuando la escala vibracional se pone a tono, en un tono perfecto. Así, el ser asume la posición que debe tener.

No hagas comentarios sobre tu trabajo con personas que pudieran tratar de perjudicarte. Sigue simplemente tu intuición; tu intuición es tu ser. Y en la medida en que hagas valer la intuición, tanto así será de grande tu éxito... Y recuerda que el éxito va acompañado siempre de evolución.

Capítulo 9

Aprende a conectarte con los ángeles

Voy a iniciar este capítulo recordándote que si estás retomando la lectura aquí, con este capítulo, es decir, después de haber dejado de leer por un par de horas, o posiblemente un día entero, debes hacer la meditación inicial, para que puedas sacarle mejor provecho a esta parte del libro (aunque si has empezado tu lectura en otro capítulo y éste lo lees a continuación, no es necesario que la realices, sigue tu lectura de corrido). Empezaré con un ejercicio que, si lo haces bien, te dejará admirado a causa de sus resultados.

APERTURA DEL CANAL

Entrego este ritual para que las personas que están empezando a canalizar puedan abrirse como canales y, a la vez, estén protegidas de las incursiones del polo negativo. Al mismo tiempo, es un compromiso que asume el canal con la Divinidad, de utilizar estos dones que le están dando solamente "para el bien y en bien". Con esta oración, las facultades comienzan a aflorar.

Si la verdad despierta mi ser, yo…
(aquí se dice el nombre completo del orante)
despierto en armonía perfecta, en Dios SOI[6] y en mí.

[6] "*SOI*" quiere decir: "Pertenecemos al Innombrable".

Creo ahora un aura de verdad. Llamo en plena facultad espiritual, en SOI, a mí mismo (aquí nuevamente se dice el nombre del orante), *solicito a mis guías y maestros espirituales el conocimiento de mí en SOI. Sano y purifico esta alma donde habito y canalizo a mi ser perfecto a los lugares que sean abiertos a mí, como ser que necesita el despertar en el ahora, terreno y perfecto. SOI mi compromiso está por culminar. Créame* (del verbo crear) *a mí en mi ser, para vivir en ti. Y ábreme el camino para cumplir contigo.*
Así en perfección y sabiduría que me fue dada en tiempos terrenos pasados y en espíritu completo y fusionado a ti. Yo despierto y solicito que me sea dado todo permiso con responsabilidad íntegra para actuar y recibir todo aprendizaje y lo que esto involucre en vida terrena. Yo (otra vez se dice el nombre completo) *ejerciendo libre albedrío, doy y solicito aprendizaje, evaluación y enseñanza, a mis maestros en todo nivel astral en SOI. Aquí espero por ustedes.*

A continuación, voy a responder una pregunta que se me ha hecho:

- ¿Qué significa que una persona haya estado viendo la lucha sostenida entre el bien y el mal?
- Hay seres terrenos que se han abierto a una frecuencia equivocada; es muy difícil no abrirse en un determinado momento a ella, cuando el canal tiene recepción total. Porque en el momento en que una persona se vuelve canal con recepción total, le llega todo lo bueno pero también todo lo malo. Por ese motivo, los canales se deben proteger más que a todo y se debe aceptar siempre el bien. Hay que bendecir el bien. Eso es: estar entonados con el bien y con la Luz, sin alejarse en ningún instante de esa frecuencia.

No necesitas decírmelo: sé que por tu mente ha pasado esta pregunta, porque algunas personas te han comentado que es necesario quitarse los zapatos de goma para evitar aislarse cuando hacen meditación. Algunos se aíslan con esos zapatos, aunque no todos. Para entonar con seres del alto astral, la persona comenzará con una respiración profunda. Se aislarán según el momento de relajación. Es un momento mágico para el humano, donde se anulan todas las facultades físicas del canal. Verás cómo se mueve tu ser y te llenas de calma; sentirás una respiración diferente; un poco más agitada al principio. Sentirás la entidad de un maestro. Habrá pequeñas vibraciones en tu cuerpo terreno. A tu alrededor se forman partículas no visibles para tus ojos, pero el canal las siente. Es un desprendimiento de algo más, para poder fusionar nuestra energía a la del canal. Si insensibilizas tu alma, sentirás vibraciones parecidas a las del canal. Y si estás utilizando a otra persona como canal para comunicarte con nosotros, haz una prueba: si quieres, levanta sus manos y verifica por ti mismo que son tan pesadas como el plomo. Eso ocurre porque hay energía dentro del canal. Utilizamos su mente y su cerebro completamente para movilizar al canal. Si lo explicara, no entenderías este momento de magia, porque es muy difícil para tu mente pequeña.

El bajo astral hace que los canales o las personas que están meditando, o acompañando al canal, se pongan fríos. Pero cuando se canalizan seres de Luz, no se ponen fríos, porque conservamos en su cuerpo una temperatura agradable (¡calentito!...) ¡Cuidamos el cuerpo del canal!

A veces, pareciera como si el canal tuviera "alergia nasal", pero no es alergia. Cuando el canal recibe nuestra energía, si tiene un órgano dañado, éste comienza a vibrar diferente. Si nos demoramos mucho utilizando el canal, llegará un momento en que nuestra energía causará mucho peso sobre su organismo y comenzará a tener calambres. Por ese motivo, siempre se debe estar monitoreando al canal, para conocer sus condiciones físicas.

Bien, cuando los maestros canalizan, el canal no debe ingerir nada. Aunque si es un ser de otra dimensión diferente a la nuestra, sí podrías darle algo[7]. Un maestro solamente solicita que el canal tome algo cuando se da cuenta de que ese cuerpo físico lo necesita.

Debo añadir que también se canaliza por inspiración. Por ejemplo: la autora de este libro canaliza por inspiración. Esto significa que, sin que se ponga en estado de letargo, le llegan inspiraciones procedentes de nuestro Reino Angelical, a las cuales podría confundir con sus propios pensamientos y sentimientos. Eso le sucede especialmente cuando está escribiendo o preparando un libro: le llegan muchas "ideas" que no son tales, sino que son nuestras inspiraciones.

Seguramente, querrás saber cómo proyectamos nosotros nuestra energía dentro del canal. Yo, el arcángel Israfel digo a ti: "Son fluidos. Es como el humo, que sólo una parte de él penetra en un lugar específico; la otra se dispersa. Muy parecido es lo que sucede cuando alguno de ustedes canaliza".

Existen varias formas de canalizar. La mayoría de las veces el canal tiene media conciencia. Luego, olvida todo. Es una "casi conciencia". Para poder comunicarme contigo, debo utilizar tu pensamiento (el del canal) para hacer consciente las palabras que oyes. Es un proceso que no todos los seres espirituales saben hacer. Porque, a veces, vienen entidades que no han podido lograr la canalización, no han podido expresarse, no han sabido manejar los canales, a pesar de que quienes son psíquicos entre los presentes, puedan percibir que alguien desea comunicarse. No lo logran porque deben aprender a hacerlo.

---

[7] Nota de la autora: El ángel se refiere a que los seres humanos no solamente canalizamos ángeles. También pueden ser maestros, guías, o hermanos mayores (se les dice así a los humanos que viven en otras galaxias, cuyo nivel de aprendizaje es miles de años superior al nuestro). Asimismo, se pueden canalizar muertos, entre los cuales puede haber brujos que piden que el canal tome licor y fume tabaco; incluso pueden pedir café negro bien fuerte. Los seres de Luz, no piden nada de esto, salvo, como lo dice el mismo ángel, que necesiten fortalecer el canal porque, por algún motivo, su energía se ha bajado. En ese caso, piden agua o un vaso de leche para el canal, o que el canal sea despertado, coma algo, vaya al baño, camine, y vuelva a canalizar.

Nota de la autora:

El ángel se refiere a las oportunidades en que se hacen canalizaciones con varias personas presentes, entre las cuales, a veces, hay muy buenos canales, quizá con mayor sensibilidad que la persona que está canalizando en ese momento.

En cuanto a cuál es la mejor orientación geográfica que debe tomar el canal, no hay una ley para esto. Muchas veces el canal se orienta instintivamente hacia donde debe ser. Para meditar o canalizar, la persona debe situarse en la posición en que se sienta más cómoda, donde considere que fluye mejor. Pero para ir al astral, es imprescindible que la persona tome en cuenta las siguientes indicaciones. Nunca debe estar orientada hacia el oeste, esto es que su pecho y su Tercer Ojo no estén con el frente hacia el oeste. Si así lo hace, probablemente, atraerá seres negativos. Debe enfrentar el norte o el sur. Enfrentar el este es positivo. Es muy bueno en la meditación, pero en el viaje al astral recibirá una influencia que, para esta experiencia, no es la indicada, porque no actuaría el ser, sino su maestro. Cuando quiera ser guiado en su meditación, o incluso en un viaje astral, debe enfrentar el este. Si enfrenta el sur, sería imparcial, trabajaría su propia esencia. Enfrentando al norte, comenzará a recibir enseñanza o respuesta.

Nota de la autora:

Sin embargo, para ciertas meditaciones, este mismo ángel da las orientaciones precisas que se encuentran en el Capítulo 17, "Las meditaciones"...

Para alimentarse energéticamente, el canal deberá colocar su mano derecha sobre el centro de su pecho, con los dedos índice y medio extendidos, mientras los otros están replegados contra la palma de la mano. En general, el canal no lo hace voluntariamente, sino el ser que se está manifestando a través de él o ella. Es un acto que casi siempre hacen seres elevados que poseen un nivel de energía superior y excelente. De esta forma, además, se alimentan a sí mismos y protegen y alimentan las emociones y sentimientos que haya tenido el canal en momentos especiales[8].

Podríamos decir que es como una especie de limpieza que también va a ayudar en la comunicación del canal, y el futuro y el pasado de un ser específico. En esta forma, la entidad espiritual utiliza facultades del canal, a la vez que le ayuda a aumentar sus capacidades con la retroalimentación.

DESCARGARSE DE ENERGÍA NEGATIVA

Suele suceder que, a veces, estás tan cargado que tú mismo lo sientes. Puede ser una carga energética creada por ti, por tus circunstancias y vivencias o por alguien que te está haciendo "el favor" de enviártela. Para descargarte, fíjate en el dibujo que ya has pasado y coloca la mano del equilibrio. La mano dominante sobre el pecho extendiendo los dedos índice y medio sobre el chakra del corazón.

Imagina un remolino de color gris, con mucha fuerza, que entra en tu corazón. Siente el impacto al entrar, inunda tu pecho con la vibración y con el color. Después haz que llegue a cada rincón de tu cuerpo. Permite que salga por tu cabeza sobre el chakra que te comunica con nosotros directamente. Dejarás salir todo ese sentimiento que te angustiaba; que el remolino gris envuelva el sentimiento y lo saque. Entrega la verdad a tu Creador. Olvídalo y deja las cosas hasta que sucedan. No vivirás en paz dando fuerza o cabida a la predicción o al do-

---

[8] Cuando se presentan seres con sentimientos encontrados contagian al canal ese sentimiento. Incluso, hay veces que un ángel puede estar triste por algo que se dice y ese sentimiento de tristeza queda en el canal, si no se limpia energéticamente antes de despertarlo.

lor. En la medida que puedas descargar tu dolor, empezarás a sentir más confianza en tu Creador.

Cuando te digo que entregues la verdad a tu Creador, en realidad, estoy diciendo que tú debes ser esencia absoluta, para que puedas actuar basándote en tu Creador. Entrega tu esencia de todo corazón. Debes estar conforme con el aprendizaje; no debes evadirlo. Reconócete a ti mismo y acepta a tu amo[9]. Acepta nuestra ayuda; acepta que estamos contigo. Sólo necesitamos que abras tu mente y tu corazón para poder ayudar en tu evolución. Eso es lo que quisimos decir: pertenecemos al Innombrable[10]. Todo ser debe construir un futuro en evolución constante; seguir una línea para su desarrollo. Si se desvía de esa línea, tiene que entregarse a lo que pueda pasar como consecuencia. Para que lo entiendas mejor: es como esa gente que se deja morir, se pasa toda su vida suicidándose, por depresión o por excesos, "gastando la vela al prenderla por los dos lados".

Continúo, yo, tu ángel, el arcángel Israfel, diciendo a ti. Hay varios *mantrams* para invocar a los ángeles. Uno de ellos es: "Inurra, Inurra, Inurra si ai... Inurra, Inurra, Inurra si ai... Inurra, Inurra, Inurra si ai...". Es efectivo, pero depende del tono con que lo pronuncies. Los tonos son invocaciones. Si lo entonas bien alto, estarás invocando a ángeles de paso. Aunque me imagino que querrás aprender un *mantram* para invocar a un ángel maestro. Para esto, debes utilizar la letra "i" en el tono más alto al que puedas llegar. Usa tu diafragma y expira el aire. Antiguamente, llamaban a las sirenas con algo parecido.

¡Ya estoy viendo la cara de extrañeza que pusiste cuando mencioné a las sirenas!... Sí, me refiero a las sirenas de la mitología escrita por Homero. Hubo sirenas y aún existen. Estoy hablando de esos seres que

---

[9] "Amo", una manera de referirse a Dios.
[10] "Innombrable", una de las formas de nombrar a Dios. Según los ángeles, no sabemos el auténtico nombre de Dios porque es supremamente sagrado y no somos dignos de pronunciarlo.

son mitad hombre, mitad pez. Sí existen, en otra dimensión, y algunas han pasado a la tuya. Ya me estás preguntando...

—*¿En dónde se pueden ver?*
—En el mar, por supuesto.

—*Pero las ven muy pocas personas, ¿no?*
—Los que tienen la facultad de comunicarse. Para desarrollar esta facultad y así poder comunicarte con el mundo espiritual, desarrolla la alegría de vivir.

—*¿Eso es lo que me tranca?*
—En parte. Eres muy duro contigo mismo. Deberías ser más alegre contigo mismo, darte más flexibilidad.

Si eres pobre, vive sabiamente.
Si tienes riquezas, vive sabiamente.
No es tu posición en la vida la que
te trae bendiciones, sino **tu Corazón**.

Capítulo 10

Los ángeles en la Kabaláh

Para hablar de la presencia de los ángeles en la Kabaláh es necesario que te explique primero qué es la *Toráh*. La tradición hebrea establece que los cinco libros del Pentateuco fueron escritos por Moisés, quien recibió la revelación directamente de Dios en el Monte Sinaí. Se le dice Pentateuco a los primeros cinco libros que los cristianos conocen como *Biblia* o *Antiguo Testamento*. Estos libros son: Génesis, Éxodo, Levítico, Números y Deuteronomio.

En varias partes de la *Biblia* se encuentran citas que indican que Moisés escribió la *Toráh*. Algunas de ellas: Verbigracia: 2° de Crónicas 25:4, 1° de Reyes 2:3, Esdras 6:18, Juan 5:46-47, Hechos 15:21. Además, puede ser comprobable que Moisés haya recibido lo que escribió en el Génesis y parte del Éxodo, mediante la Tradición oral de los siguientes seis eslabones:

1. Adán: vivió hasta los 243 años de Matusalén y hasta los 56 años de Lamec.
2. Matusalén: vivió hasta los 98 años de Sem.
3. Sem: vivió hasta los 50 años de Jacob.
4. Jacob: vivió hasta los 60 años de Leví y hasta, aproximadamente, los 18 o 20 de Cohat.
5. Leví: vivió, aproximadamente, hasta los 77 años de Amram.
6. Amram: fue el padre de Moisés.

La *Toráh* es el origen del conjunto de la doctrina religiosa del judaísmo de la cual deriva, directa o indirectamente. Los judíos ortodoxos afirman que la totalidad de la *Toráh* proviene directamente de la inspiración Divina. Sin embargo, hay varias versiones, incluso contradictorias, sobre si la *Toráh* es una transcripción directa, letra por letra, hecha por Moisés, producto de la revelación Divina recibida durante el éxodo. Otros estudiosos creen que la revelación tuvo lugar gradualmente y que si bien el texto es de origen Divino, la redacción es humana. Finalmente, hay quienes consideran que después de la muerte de Moisés, otros profetas por inspiración Divina completaron el texto.

La escritura de los rollos que son utilizados actualmente a efectos del culto está sujeta a normas sumamente estrictas. Un escriba ritual, familiarizado con las prescripciones pertinentes, está a cargo de esta tarea. No puede equivocarse en ninguna de las letras. Si lo hiciere, tiene que desechar ese rollo y comenzar uno nuevo.

La Kabaláh no solamente es vista por los hebreos como un texto sagrado, sino también como una ciencia cuyo nombre significa "tradición" para algunos y "clave" para otros. La Kabaláh judía tiene sus bases en la *Toráh*, donde busca el significado del mundo y la "verdad". Al mismo tiempo, interpreta los sentidos ocultos de los cinco libros (*Toráh*) y la revelación que ellos contienen.

Podría decirse que a través de la Kabaláh se busca la iluminación proveniente de la *Toráh*. Igualmente, algunos autores dicen que la Kabaláh es un medio a través del cual se llega a conocer la realidad de los mundos que rodean al ser humano. Para los kabalistas, el lenguaje es creador y la *Toráh* contiene todos los textos, todas las combinaciones que pueden darse para crear otros mundos y otras realidades, partiendo del valor numérico y espiritual que le dan a cada una de las letras del alfabeto hebreo.

Según la Kabaláh, el nombre de Dios está formado por todas las letras que constituyen el alfabeto hebreo. Dios se sirvió de las letras para crear el universo a través de sus emanaciones o "*Sefiroth*"; en español, "Sefiráhs". Una de las tradiciones dice que el arcángel Metatrón fue el que entregó la Kabaláh a los hombres. Metatrón fue el instructor del patriarca Abraham. Se dice que Enoch fue el primer Iniciado.

Nota de la autora:

Seguidamente, reproducimos un comentario que hace Shimón Halevi en su libro Kabaláh y Psicología.

"*Según la tradición judía, Enoch (el iniciado), que vivió en el alba de la humanidad sobre la Tierra, fue un individuo muy distinto a la gente de su tiempo. No había olvidado su origen en el Paraíso para sumirse en la carne, y vivió recluido, reflexionando sobre los motivos por los que los seres humanos habían sido encarnados. Otros antes que él habían leído El libro de Raziel[11] (los Secretos de Dios), que le había sido dado a Adán y que explicaba las razones de la existencia, pero Enoch deseaba conocerlos por sí mismo, y por ello llevó una vida de intensa actividad interior, cuyo resultado fue su ascensión. Tuvo una visión en la que subía a las regiones superiores de la existencia y veía cómo eran. Allí le mostraron el pasado, el futuro y las almas de quienes aún no habían nacido, así como las de los muertos. Vio también el Reino Angélico del Paraíso, con su multiplicidad de formas que son los arquetipos del mundo material inferior, y el Reino celestial de los arcángeles que vigilan y supervisan los procesos creativos del Universo, antes de ser llevado a presencia del Sacro Uno en el Mundo Primordial de la pura Luz. Según la Tradición, el arcángel Gabriel le dijo entonces: 'No temas, Enoch. Ven conmigo y mira el rostro del Señor'. Pero Enoch se postró ante el Único y le adoró, aunque la Voz de la Divinidad le dijo: 'No temas. Levántate y permanece eternamente ante mi Rostro'. Entonces Miguel, el capitán de las Huestes de Dios, alzó a Enoch y le quitó su túnica terrena (su aspecto físico), le ungió con óleo sagrado y le vistió con su indumentaria celestial: había llegado a ser igual a las criaturas angélicas que le rodeaban, y que le enseñaron la Toráh.*

"*Durante treinta días y treinta noches Enoch permaneció en este estado de exaltación de la conciencia, registrando todo cuanto escuchaba y veía. Luego el Sacro Uno le habló de los secretos que ni siquiera los arcángeles conocían... La razón de la caída de Lucifer y por qué se produjo el pecado en el*

---

[11] Sobre el arcángel Raziel hablaremos ampliamente más adelante.

Psicografías de

Elena Valdéz

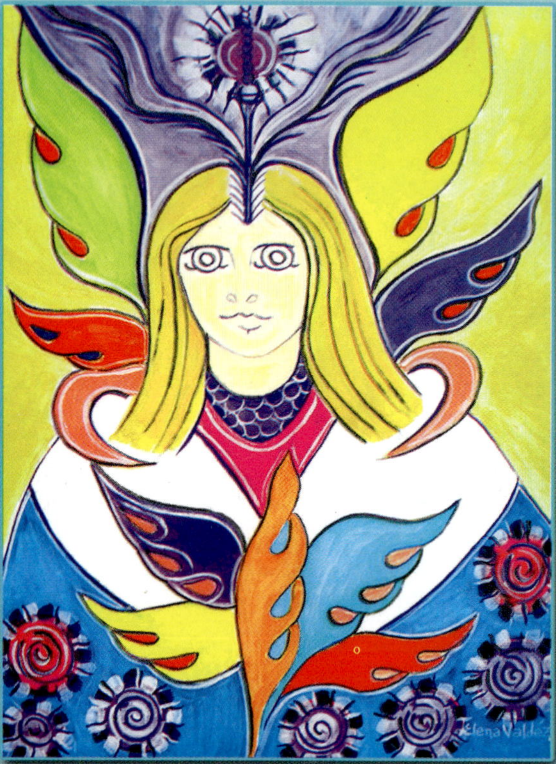
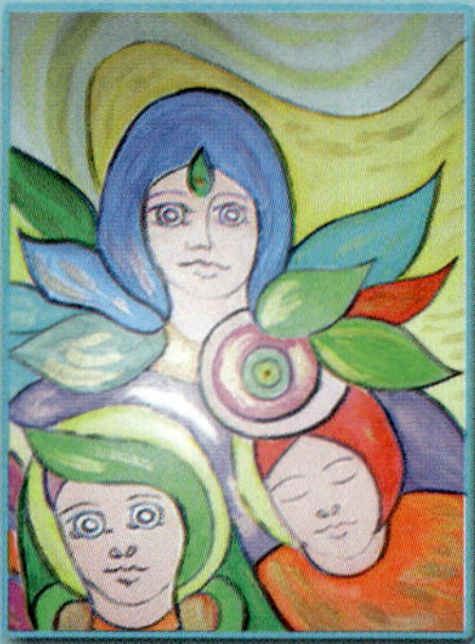
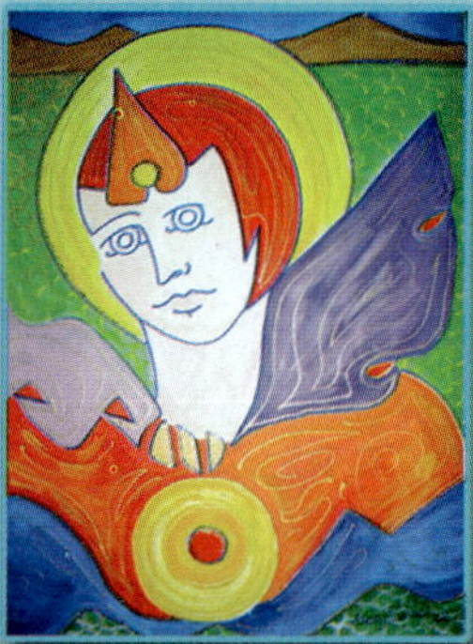
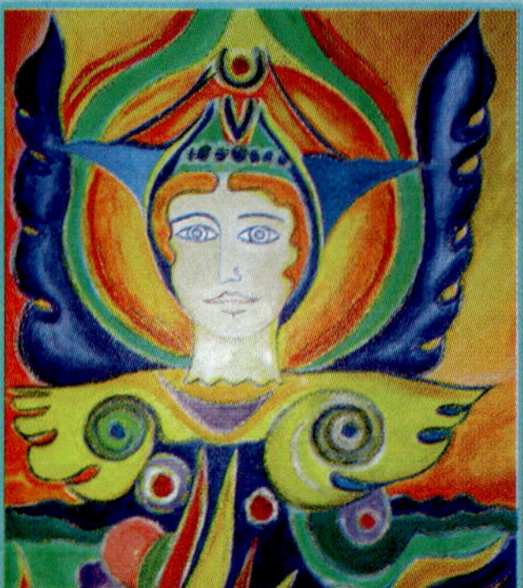
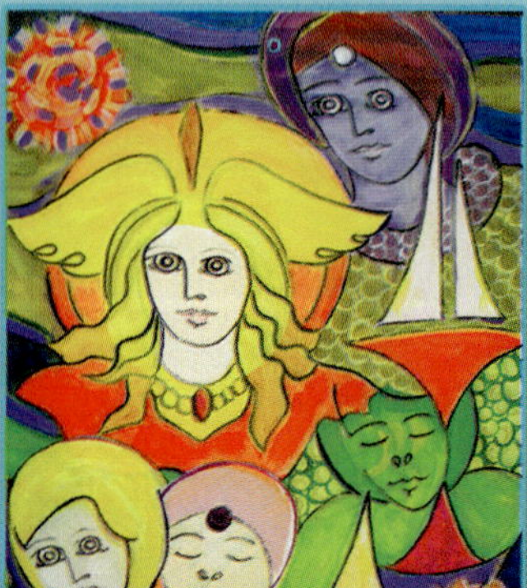

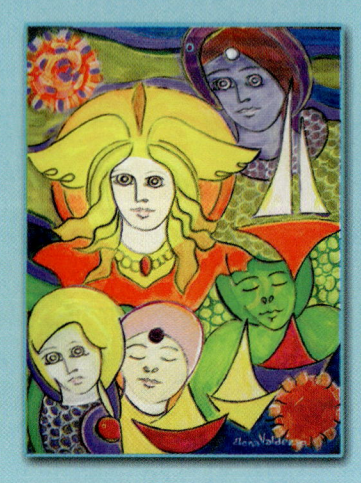

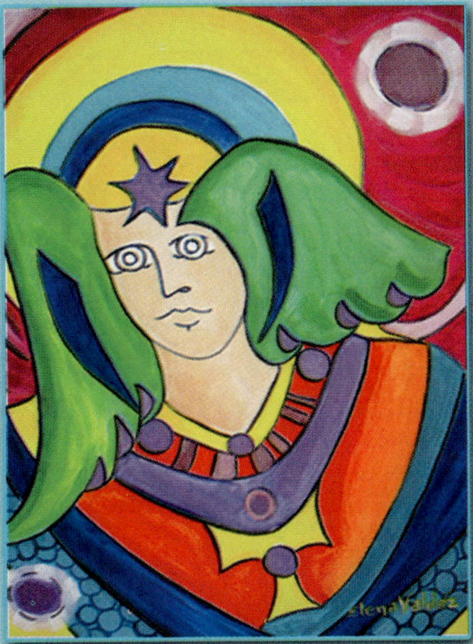

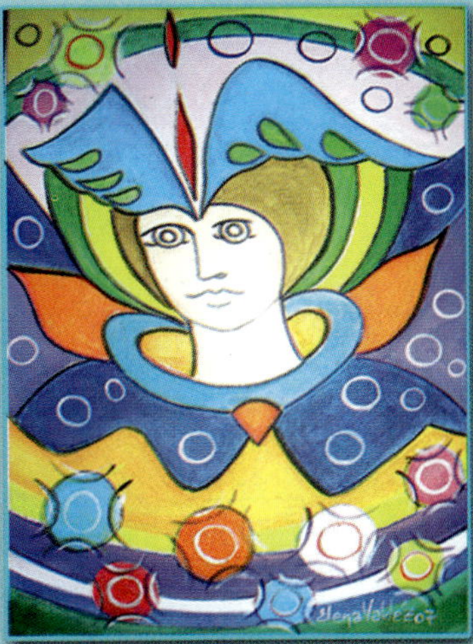

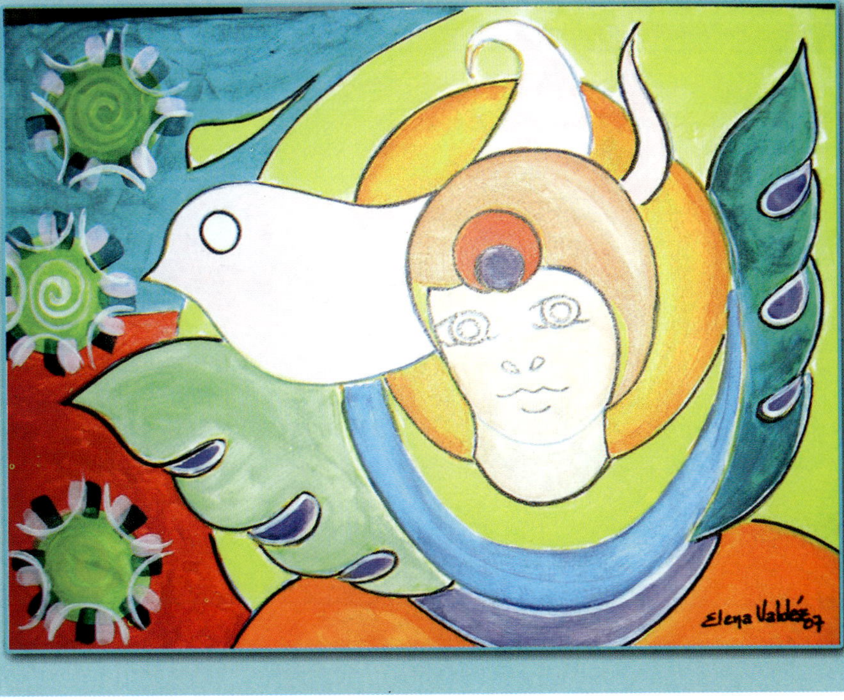
Elena Valdéz 07

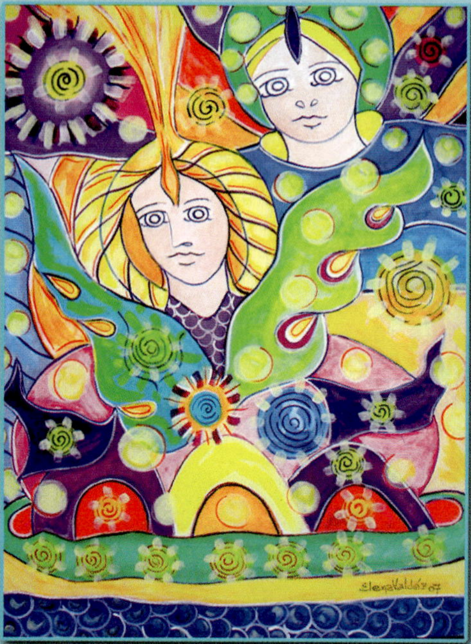
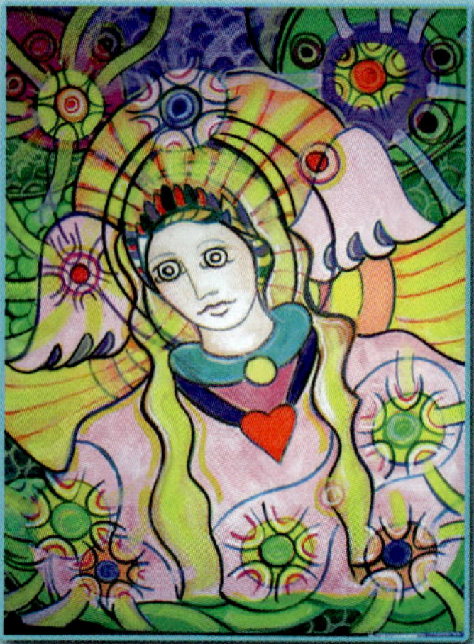
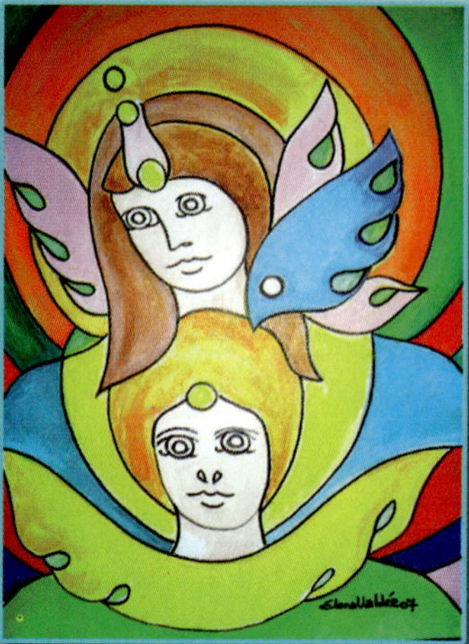
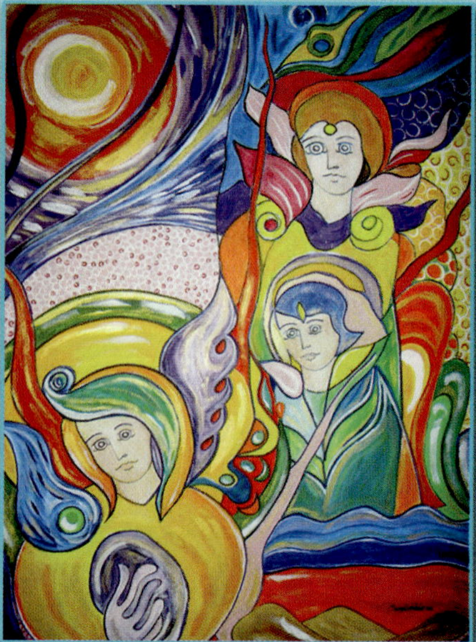

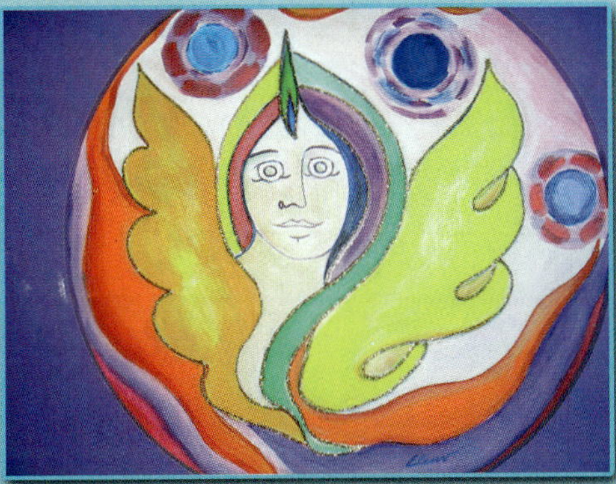

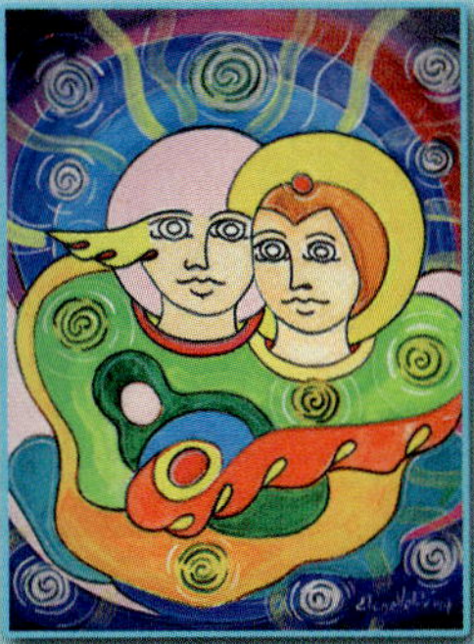

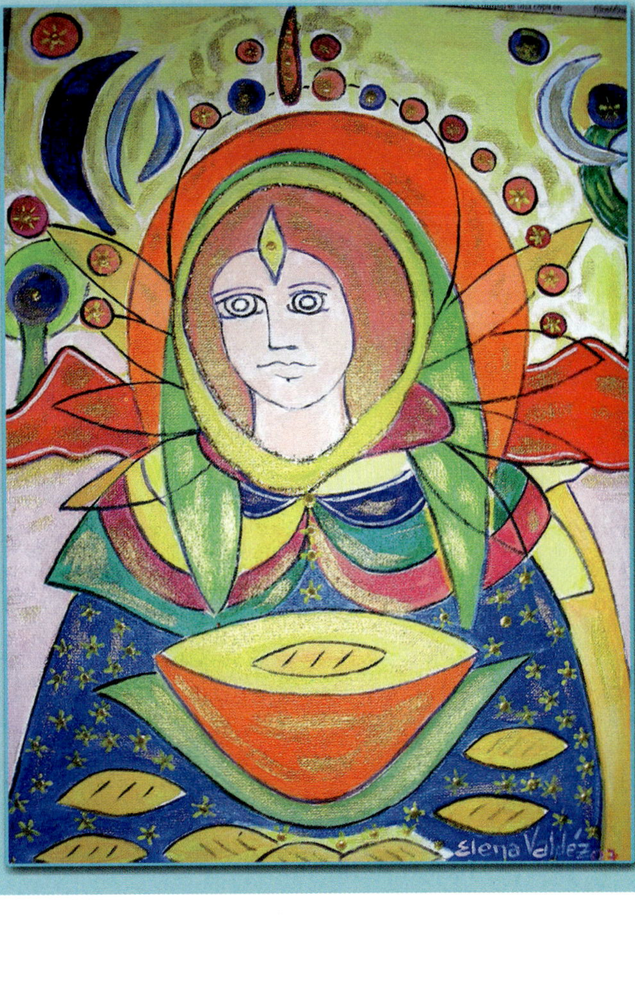
Elena Valdéz

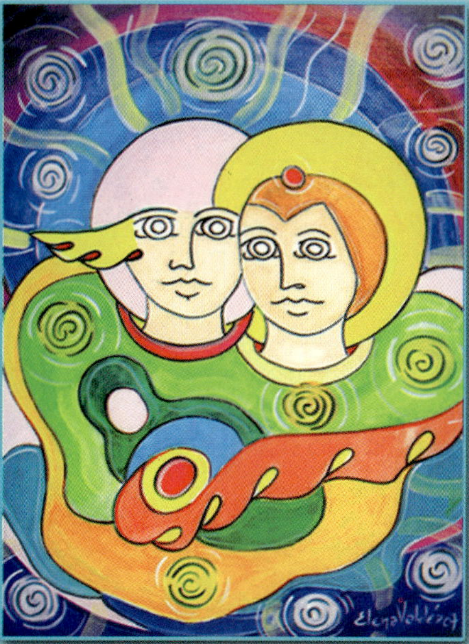

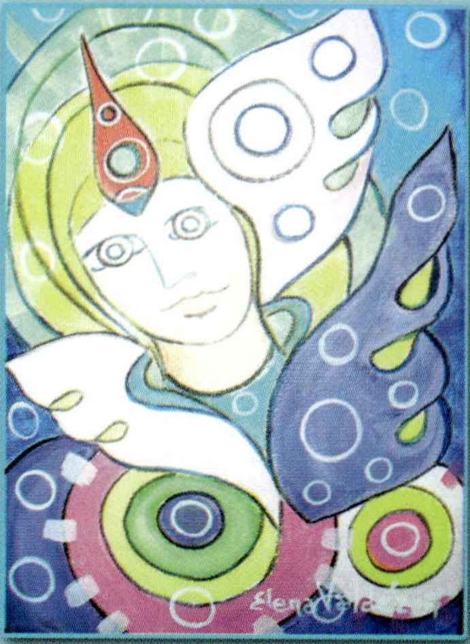

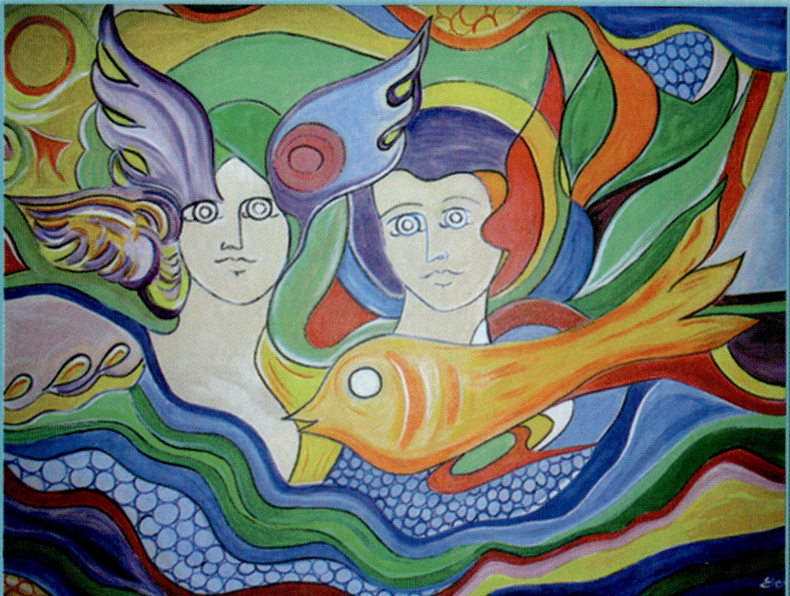

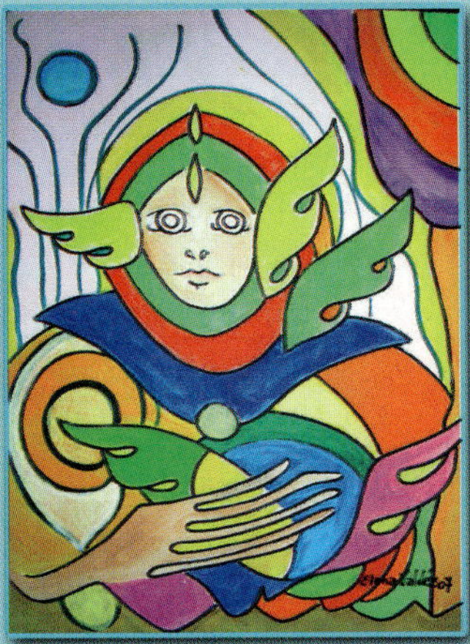

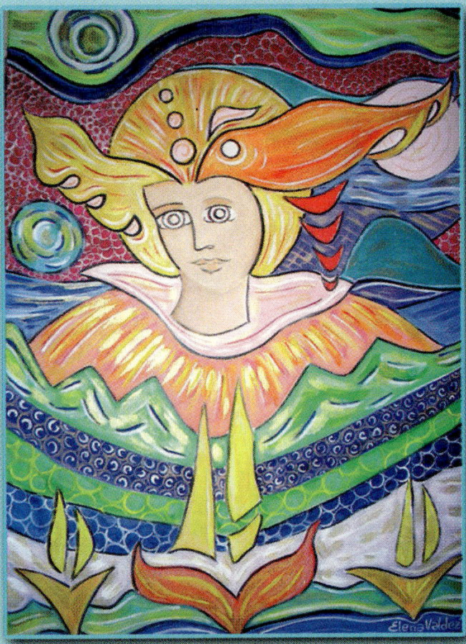
Elena Valdez

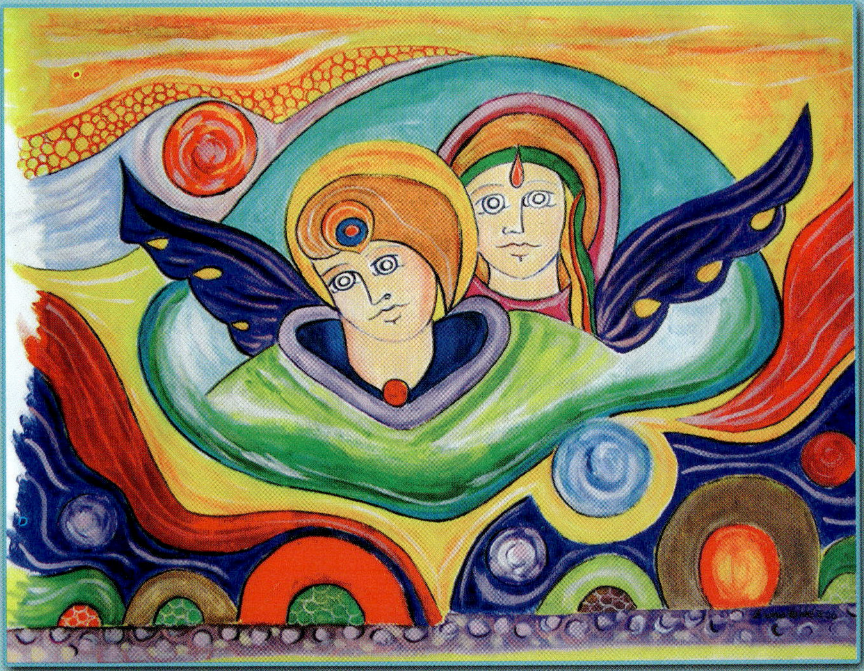

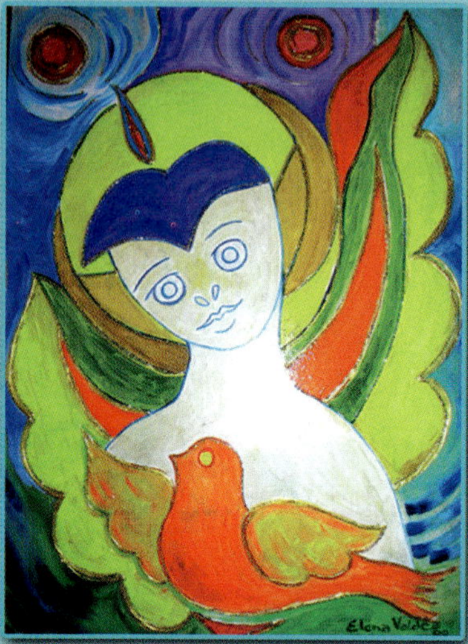

Elena Valdés

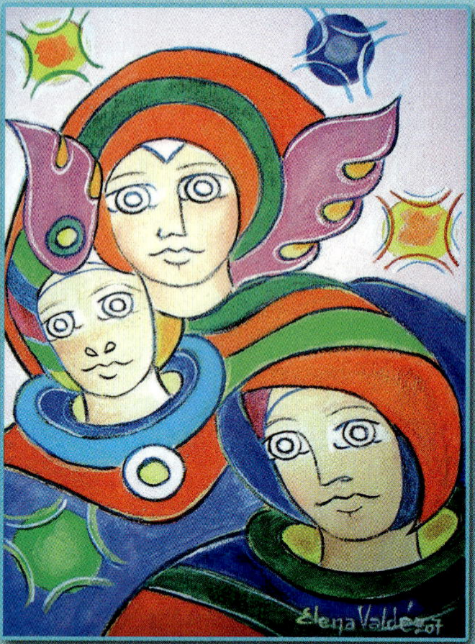

Elena Valdés

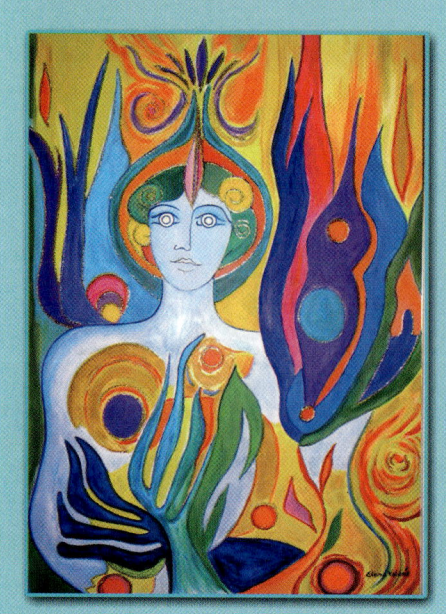

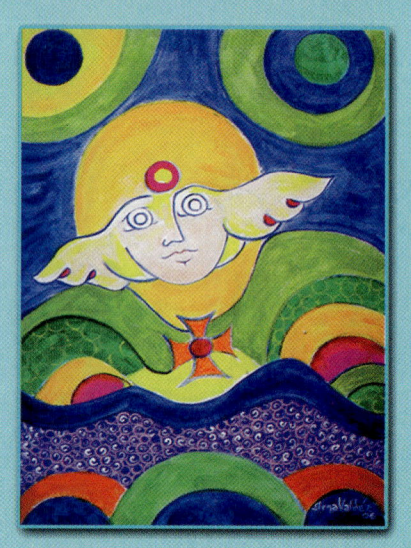

Edén. También le informaron sobre el origen de Adán, la manifestación de los Mundos, y le mostraron el gran telón que cuelga ante el Trono del Cielo, cuyos hilos representan todas las generaciones de la humanidad. Después de esta revelación le pidieron que descendiera a la realidad de la Tierra y enseñara sobre todo aquello que había visto y oído, hasta que le llamaran a ocupar permanentemente su lugar en los mundos superiores.

"Al regresar de esta experiencia, Enoch se dedicó a transmitir todo lo que vivió en ella, con la advertencia de que debían difundir este conocimiento sin ocultar nada a quienes desearan conocer esta verdad.

"Coincidiendo con el mismo mes, día y hora de su nacimiento, quedó envuelto en una oscuridad, invisible a los ojos humanos. Cuando la oscuridad se disipó, los presentes se dieron cuenta de que no estaba más con ellos. Había transcurrido su ascensión como lo dice la Biblia.

"Sus hijos y alumnos le levantaron un monumento funerario en el lugar de su partida de nuestro plano. Mientras tanto, Enoch pasó por las diversas etapas de la ascensión, llamadas, en la Kabaláh, estancias inferiores y superiores. Aquí se encontró con las Huestes angélicas y arcangélicas de los Mundos de Yetzirah y Briah, o Formación y Creación, que al principio no se mostraron amistosas con aquel intruso terrenal, pues debemos comprender que hasta entonces ningún ser humano había alcanzado su pleno potencial.

"Cuando Enoch llegó al Séptimo Cielo, el punto más cercano al Rostro de la Divinidad, abordó también al nivel del fuego del mundo de Atzilut o Emanación, donde se transfiguró y adquirió la condición humano-angélica de Metatrón, que conlleva el título de 'Aquel que tiene el nombre de Dios'. A partir de ese momento, Enoch se convirtió en el Gran Maestro de toda la humanidad, la fuente de todas las tradiciones esotéricas. En su condición de maestro, inició a Abraham en los secretos de la existencia.

"Años más tarde encarnó como Elías, quien carecía de padres terrenos. En la Tradición kabalística aparece en momentos especiales para instruir o enseñar a la humanidad en situaciones difíciles, cuando es preciso pasar por alto las leyes del nivel terreno con alguna finalidad superior."

· Entre ustedes existen distintas versiones sobre el origen de la Kabaláh y considero interesante reproducir a continuación lo que sobre eso escribió Christian D. Ginsburg.

"La Kabaláh fue primero enseñada por Dios a una compañía selecta de ángeles, quienes formaron una escuela teosófica en el Paraíso. Después de la caída, los ángeles muy graciosamente comunicaron esta doctrina celestial a los desobedientes hijos de la Tierra, para proporcionar al protoplasto[12] los medios para retornar a su nobleza y felicidad prístinas.

"De Adán pasó a Noé y luego a Abraham, el amigo de Dios, quien emigró con ella a Egipto, donde los patriarcas permitieron que una parte de esa doctrina se filtrara. Así fue como los egipcios obtuvieron algún conocimiento de ella y otras naciones la pudieron introducir en sus sistemas filosóficos. Moisés, quien era docto en toda la sabiduría de Egipto, fue el primer Iniciado en ella, en la tierra de su nacimiento, pero llegó a ser muy proficiente en ella durante su vagar en el desierto, cuando no solamente dedicó a ella sus horas de descanso, de los cuarenta años totales, sino que recibió lecciones de los ángeles acerca de ella. Con la ayuda de esta ciencia misteriosa, el legislador fue capaz de resolver las dificultades que se presentaron durante la conducción de los israelitas, a pesar de las peregrinaciones, guerras y frecuentes miserias de la nación. Veladamente estableció los principios de esta doctrina en los primeros cuatro libros del Pentateuco, pero los mantuvo fuera del Deuteronomio. Éstos constituyen: los primeros el hombre, y el último, la mujer.

"Moisés también inició a los setenta ancianos[13] en los secretos de esta doctrina, y a su vez ellos la transmitieron de mano en mano. De todos los que formaron la línea ininterrumpida de la Tradición, David y Salomón fueron los más grandes Iniciados en la Kabaláh."

---

[12] "Protoplasto" deriva del griego. "Proto" del griego *protos* que significa "primero", y "plasto" del griego *plastos* que quiere decir "modelado". En esta expresión, el autor quiere decir que es la primera materia orgánica para comenzar una nueva clase de vida.

[13] Por el consejo de su suegro Jietró, Moisés, cuando estaban en el peregrinar de los cuarenta años por el desierto, nombró un cuerpo colegiado compuesto por setenta hombres que representaban a las Doce Tribus y a los que se habían unido a ellos en este viaje, para que lo ayudaran a impartir justicia entre toda la población. Estos hombres eran los mayores de cada grupo, por eso se llaman los setenta ancianos o setenta mayores.

Conexión con ángeles

Yo, el arcángel Israfel, tu ángel, quiero aprovechar esta oportunidad de estar hablando de un ser tan portentoso como el arcángel Metatrón para contarte un chisme sobre él. Es lo máximo para lograr que una mujer quede embarazada. Para conseguirlo, te doy el ritual que, por primera vez, entregamos a los mortales...

RITUAL PARA ATRAER LA GESTACIÓN

Llegado el quinto día de Luna creciente prepárese la mujer para atraer al hijo que desea concebir. Deberá colocar sobre la mesa un mantel o tapete de color blanco, sin diseños de ningún tipo. Luego, en un platito pondrá tres monedas, otorgándoles significado a cada una, señalizándolas con el nombre que le daría a ese hijo si fuese niña, si fuese varón o gemelos, para lo cual deberá marcarlas con un pequeño papel escrito. En otro plato, dejará un pequeño puñado de granos de maíz combinados con almendras. Y entre ambos platos, situará tres velas pequeñas, de cualquier color.

Ubíquese la aspirante a madre frente a la mesa, levante las manos en actitud de súplica, y atraiga al arcángel Metatrón con esta invocación:

Amado arcángel Metatrón:

en el aquí y el ahora
invoco tu presencia (encender la primera vela)
para implorar ante el Creador
que sea cumplida mi mayor esperanza
y sea atraído a mi ser el amado hijo que deseo tener (encender segunda vela).
Te ruego amado arcángel, intercedas por mí.
Para ello coloco en este altar de peticiones
alimento para multiplicar la Luz (encender la tercera vela)
y tres monedas que identificarán al ser que llegará.

La mujer tomará las monedas en sus manos y las lanzará suavemente sobre el plato que contiene el maíz con las almendras. La moneda que se salga del plato o caiga dentro de él, pero con el nombre escrito visible, será la del niño que ha sido llamado a ser concebido. Después, pondrá la moneda entre sus manos y las posará sobre su corazón para agradecer la benevolencia del arcángel Metatrón. La mujer llevará consigo la moneda por veintiún días, durante los cuales debe quedar embarazada…

RITUAL KABALÍSTICO

Ponte de cara al sur, y con la mano izquierda levantada hacia adelante, en posición de recibir, abriendo la palma hacia arriba y ahuecándola un poco (como si fueras a recibir un líquido). Quédate en esta posición hasta que sientas que has recibido una carga de energía y que esa carga es suficiente, es decir, vas a sentir que por la palma de tus manos entra una energía que quizá puedas sentir, eso dependerá de tu sensibilidad y de tu fe. Puede ser calor en la piel o un hormigueo. Muchas veces, esta sensación se extiende hacia el brazo, e incluso se puede llegar a sentir que se expande por todo el cuerpo. En ocasiones, también puedes tener sudoración u hormigueos en otras partes de tu cuerpo. Deja que la energía espiritual invocada te invada por completo.

Letra *Yud*, algunos la pronuncian *Yod*.

En ese momento, muy dentro de ti, imploras el nombre de Dios Altísimo para que con esa energía, o presencia, se puedan hacer las invocaciones apropiadas. Primero, lo dices en hebreo: "Oh, *El Elyón*"; y luego en español: "Dios Altísimo, Tú que eres…", y en este preciso instante extiendes la mano derecha de manera imperativa y firme, señalas hacia delante como si tu brazo fuera un cetro o una vara que indica al frente, hacia el sur; y continúas diciendo: "Tú que eres *Yud, Mija-el*". En este momento en que lo estás diciendo, aparece ante ti un gigantesco pilar de color rojo-naranja (es el color kabalista que corresponde a *Yud Mija-el*, en el lado sur) con una letra *Yud* encima, haciendo de capitel (cabeza del pilar); y luego, continúas diciendo: "*Bo Eláy* (ven a mí)". Y así, esperas que el pilar con la *Yud* brille lo más intensamente posible y se acerque a ti, llenando el vacío espiritual interior que por costumbre sueles tener.

Letra *Jai*, se pronuncia *Jei*.

Una vez que hayas completado la ceremonia, gira hacia el lado norte con la misma posición que tenías en el sur: la mano izquierda recibiendo, y la mano derecha, en forma imperativa, señalando hacia delante. Aquí, invocas diciendo: "Oh, *El Elyón*, Dios Altísimo, Tú que eres *Hey Auri-el*" (se pronuncia *Uri-el*, porque en hebreo la "a" no suena.). Y ves hacia el norte, frente a ti, un pilar gris plateado, incandescente, con la *Jay* también plateada haciendo de capitel; y continúas diciendo: "*Shemá* (escúchame) *Bo Eláy* (ven a mí)", y esperas que el pilar brille intensamente. Entonces aspiras y se introduce en ti, y el segundo pilar te llena interiormente.

Letra *Vav*.

Luego, giras continuadamente hacia el lado este, con la mano izquierda recibiendo y con la mano derecha imperativamente hacia adelante, invocando la Luz Divina que ya has invocado anteriormente. Y dices otra vez: "Oh, Dios Altísimo, Tú que eres *Vav Refael*[14] (Dios, sáname)". Y ves un pilar amarillo canario incandescente con una letra *Vav* como cabeza o capitel del pilar; y repites: "Oh, *El Elyón* (Dios Altísimo, escúchame)". Automáticamente, aparece ese gigantesco pilar de color amarillo canario incandescente con la letra *Vav* coronándolo. Entonces, dices: "Oh, *El Elyón*, Tú que eres *Vav Refael Shemá* (escúchame), *Bo Eláy* (ven a mí)". Ese pilar gigantesco se acercará a ti y se meterá en ti, tal como lo hicieron los dos pilares anteriores.

Letra *Jai*, se pronuncia *Jei*.

Ahora, giras siempre hacia la derecha, continuamente, hasta llegar al oeste, y allí te detienes y con la mano izquierda levantada y la mano derecha imperativamente hacia delante, invocando la Luz Divina: "Oh, *El Elyón*, Dios Altísimo, Tú que eres *Jei*". En este caso, la *Jei* es de color violeta intenso. Entonces, visualizas un pilar violeta intenso oscuro con la *Jei* y el nombre *Gavri-el* (así se escribe Gabriel, para ser pronunciado con "v", o sea, el sonido lavidental), y también aparece el capitel coronado por la letra *Jei*. Aguardas a que brille intensamente y dices: "*Shemá Bo Eláy* (escúchame, ven a mí)". Y esperas que el capitel con la letra se meta dentro de ti como los anteriores.

---

[14] En hebreo, no se dice "Rafael", sino "Refael" que quiere decir "Dios, sáname". O sea, la sanación de Dios.

אָ

Letra *Áleph*.

Luego, sigues rotando a la derecha hasta llegar al norte y continúas hasta el este. Colocas los brazos al estilo egipcio, es decir, cruzándolos de tal manera que la mano derecha quede tocando el hombro izquierdo y la mano izquierda se pose sobre el hombro derecho. Así, invocando la Luz Divina, dices lo siguiente: "*Bo Eláy*, Dios Altísmo, Tú que eres *Áleph El Elyón*, Tú que eres *Meta Trón*". Entonces, ves un gigantesco pilar blanco encima de ti con la letra *Áleph* blanca coronándolo. Cuando brille intensamente, dirás: "*Shemá Bo Eláy* (escúchame, ven a mí)". Ese pilar descenderá dentro de ti junto con la letra *Áleph*, igual que lo hicieron los pilares anteriores.

ת

Letra *Tav*.

Para finalizar, invocas la Luz Divina y vuelves a decir: "Oh, *El Elyón*, Dios Altísimo, Tú que eres *Tav Sandalfon*". Ni bien termines de decir estas palabras, verás debajo de tus pies un pilar verde oliva, con la letra *Tav* sobre él, del mismo color. Y dices: "Oh, *El Elyón*, Dios Altísimo, Tú que eres *Sandal-fon*; *Shemá Bo Eláy* (escúchame, ven a mí)". Y así, esperas que ese pilar junto con la letra *Tav* brille intensamente y se meta dentro de ti.

Ahora, ya tienes internamente los seis pilares con las seis letras hebreas y, manteniendo la posición con los brazos cruzados sobre tu pecho, dices: "Oh, *El Elyón*, Dios Altísimo, Tú que eres Santas Criaturas Vivientes, *Jaiot Ha-qodesh*" (ésta es la forma fonética de pronunciar esas palabras hebreas en español). Te imaginas alrededor de ti miles de millones de letras *Yud* en color dorado como gigantescas nubes de mosquitos dorados, en ese momento, le dices a esas infinitas *Yud*: "*Shemá, Bo Eláy* (escúchame, ven a mí)".

Y ves todas esas miles de *Yud* cayendo encima de ti y metiéndose en ti, llenándote. Cuando tengas las miles de millares de letras *Yud* dentro de ti, por supuesto, también tendrás a los seis pilares en tu interior. De esta forma, te quedas unos instantes disfrutando de la presencia múltiple de Dios, y le pides que te ayude a superar tus imperfecciones, tus limitaciones, tus defectos, que te haga mejor hijo de Dios, que supla todas tus carencias, las cuales provocan todos tus miedos. En el momento en que te sientas plenamente satisfecho interiormente, y sientas la totalidad dentro de ti, finaliza este ejercicio.

DESCRIPCIÓN DE LA *SEFIROTH*: SU SIGNIFICADO

Este dibujo de la página siguiente es el *Sefiroth* o Árbol de la Vida. Está formado por diez Esferas o emanaciones de Dios. Te explicaré primero sus nombres en hebreo.

1. Kéter (la Corona de Dios). Conocida también como Eheieh, Chayot, Ha Quadosh, Rashith, Ha Gilgalim.
2. Jehová, Razí-El, Jojmáh (la Sabiduría de Dios), o Mazloth.
3. Jehová, Binah-El (el Entendimiento de Dios), Aralim, o Shabbathai.
4. Gedula-El, Tzidiqui-El, Tzedek, Chesedl-El (la Benevolencia de Dios).
5. Gibor-Pachad, Geburah-El (la Valentía de Dios), o Madin.

6. Jehová, Auri-El, Nachash-Ha, Nachoshet, Sothis, Tipharet-El (el Conocimiento de Dios).
7. Jehová, Tzabaoth, Hani-El, Nogah, Netzach-El (la Eternidad de Dios).
8. Tzabaoth, Kokab, Hod-El (el Esplendor o la Gloria, Victoria, de Dios).
9. Shadai-El-Chai, Levanah, Yesod-El (el Fundamento de Dios).
10. Melek, Adonai Aretz, Shim, Cholam Yesodoth, Melkut-El Eionah (Supremo Reino de Dios.)

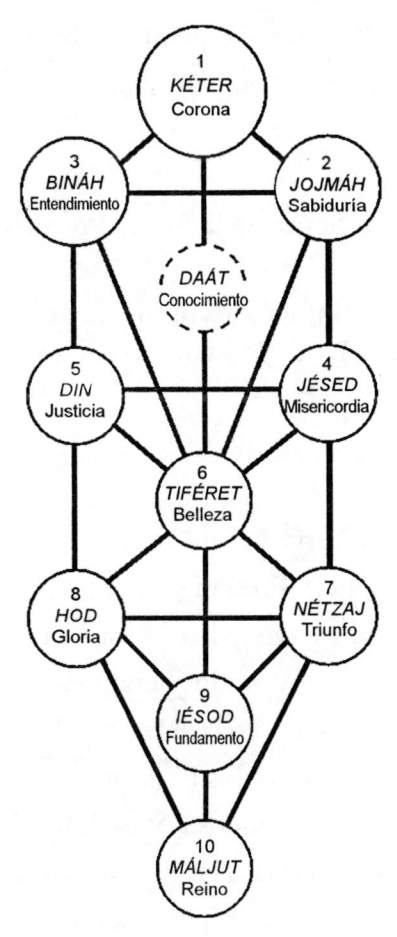

Seguidamente, te doy el significado en español de los nombres de Dios enunciados antes. O sea, el significado de los nombres Divinos de cada *Sephirah* (Sefiráh).

1. Seré lo que seré después del Trono de Dios. Comienzo del Movimiento, Dios sin fin.
2. Fue, Es y Será. Profeta de Dios, Constelación.
3. Señor Padre y Madre, Luz Infinita.
4. Dios Grande, Justicia de Dios, el Justo.
5. Dios Padre Madre, es Valiente, Atemorizador, el Guerrero.
6. Señor Dios, Ardiente, Serpiente de Bronce.
7. Señor Celestial del Conocimiento.
8. Dios de los Ejércitos.
9. Sanación de Dios.
10. Dios es el Rey, Señor de la Tierra Prometida.

A continuación, enumero los nombres de los arcángeles y de los coros (niveles angélicos), que prestan servicio en cada una de las Sefiráhs o emanaciones de Dios.

1. Metatrón, antes descrito ampliamente. Prestan servicio los Chayots.
2. Raziel. Prestan servicio los Ofanines.
3. Jaspahakiel (Jeliel). Prestan servicio los Elohines.
4. Zadkiel. Prestan servicio los Chasmalines.
5. Kamael. Prestan servicio los Serafines.
6. Miguel. Prestan servicio las Huestes del arcángel Miguel.
7. Janiel. Prestan servicio los Elohines.
8. Rafael. Prestan servicio los Bene-elohines.
9. Gabriel. Prestan servicio las Huestes del arcángel Gabriel.
10. Sandalfón. Prestan servicio los Ischim.

Ahora, veamos quiénes son cada uno de estos grandiosos arcángeles que regentan cada una de las Sefiráhs o Esferas del Árbol de la Vida.

1. *Metatrón*: sobre él ya hemos hablado ampliamente, incluso en dos oportunidades.

2. *Raziel*: se lo llama "el ángel de los misterios". Tú ya sabes que, aunque ostente el grado de Ofanín, sigue siendo un ángel. Su nombre quiere decir "Secreto de Dios", y también "la Sabiduría de Dios". Además, es conocido con los nombres de Ratziel, Akraziel, Gallizur, Saracael, Suriel, entre otros. La Tradición dice que es el que dictó *El libro del ángel Raziel* (*Sefer Raziel*), en el cual explica todos los conocimientos que hay en el planeta Tierra y en los mundos celestiales. La autoría de este libro fue atribuida a un escritor de la época medieval, pero, en realidad, recibió todo el conocimiento a través de dictados del mismo arcángel Raziel. Sin embargo, hay otras tradiciones que dicen que este libro fue escrito por el mismo Raziel que se lo entregó a Adán, y luego lo tuvo Enoch (nieto de Adán). De ahí, pasó a manos de quien lo entregó a la humanidad como si hubiera sido su propio trabajo. Luego, se supo que lo tuvo Noé, y posteriormente Salomón del cual se cree que obtuvo con este libro su gran poder y conocimiento de magia. Otra leyenda cuenta que el arcángel Raziel todos los días, desde el monte Horeb, entrega a la humanidad todos los secretos que él conoce.

3. *Jaspahakiel* o *Jeliel*: de acuerdo con la Kabaláh, es el celestial príncipe que controla los destinos de los reyes y otros altos dignatarios terrenos, en especial los de Turquía. Entrega la palma de la victoria a quienes son injustamente atacados o invadidos. Asimismo, inspira pasión entre la pareja y asegura la fidelidad matrimonial. Aunque no es necesario, debo recor-

darte que esos dones los otorga a quienes se los solicitan, porque no puede ir contra el libre albedrío de ningún mortal.

4. *Zadkiel*: su nombre quiere decir "la Rectitud de Dios". Según la Kabaláh, es el ángel de la benevolencia, de la gracia. Es el jefe de los Hashmalines. Comparte con el arcángel Gabriel el mando en la orden de los Shinamim. Es también uno de los nueve jefes del Cielo, y uno de los siete arcángeles que están ante la Presencia de Dios (Trono de Dios). Además, es uno de los dos portaestandartes, o asistentes, del arcángel Miguel cuando éste entra en batalla. Zadkiel gobierna en el Zodíaco sobre el planeta Júpiter. Fue el ángel encargado de detener el brazo del patriarca Abraham cuando iba a sacrificar a su hijo Isaac.

5. *Kamael*: "Valentía de Dios", o también "Aquel que ve a Dios". Es, a la vez, Elohím, Serafín, jefe de la orden de los Poderes, y un *Sefiroth*. Esto confirma lo que ya te hemos explicado sobre la capacidad de ubicuidad de los ángeles, especialmente de los grandes arcángeles como Kamael. Tiene, además, un cargo burocrático igualable al de un conde palaciego; osea que vive en el mismo palacio del rey, para asistirlo cuando éste lo necesite. Kamael también es conocido como Kemuel, Camael, Camiel, Cancel y Camniel. Personifica la justicia Divina. Es uno de los siete ángeles gobernadores de los planetas. Cuando se lo invoca, le gusta aparecer en la figura de un leopardo agazapado entre las rocas.

6. *Miguel*: "El que se parece a Dios", o "El que es como Dios", "¿Quién como Dios?". Representa la majestuosidad de Dios. Por ese motivo, muchos humanos cuando lo vieron, lo confundieron con Dios. En todas las tradiciones y religiones, Miguel es el ángel con mayor rango en el mundo espiritual. En varias religiones anteriores al judeocristianismo, fue adorado con el rango de Dios mismo. Precisamente, ese Dios fue incorporado al panteón hebreo en la figura del más poderoso

de los ángeles, por el patriarca Abraham. Entre otras minucias, como dices tú, allá en el planeta azul, Miguel, además de ser el jefe de todos los ángeles, es el jefe directo de los Virtudes, de los Arcángeles, Príncipe de la Presencia (es decir, Príncipe de los arcángeles que están ante el Trono o la Divina Presencia), Ángel del Arrepentimiento, de lo correcto, de la gracia o merced, y también de la santificación. Aprovecho que estamos tratando el tema de Miguel, y te doy un ritual que ha enviado singularmente para ti. Es muy efectivo, particularmente si lo haces con fe "capaz de mover una montaña".

Ritual de protección, sabiduría y temperancia con el arcángel Miguel

- Antes de iniciar este ritual, debes bañarte con sal. Úsala como si estuvieras enjabonándote con ella, y luego quítala perfectamente con agua abundante.
- Busca un sitio especial en la casa, no muy concurrido (ideal si es una esquina o un rincón).
- Coloca un mantel blanco que llegue hasta el piso sobre una mesa pequeña.
- Pon agua en un recipiente de vidrio y, al lado, una vela de color naranja.
- Dibuja una estrella amarilla de siete puntas sobre el mantel en todo el centro (o haz el dibujo sobre una tela que puedes colocar sobre el mantel).
- Prende incienso.
- Párate o siéntate frente a la mesita.
- Relájate (cierra los ojos, toma aire lentamente por la nariz y libéralo por la boca).

- Rocía tres veces con un poco de agua alrededor de tu cuerpo (para hacerlo, el brazo debe estar por encima de la cabeza, así es más fácil), con el propósito de limpiar los cuerpos sutiles.
- Luego, toma la vela y pásala alrededor de tu cuerpo tres veces, con la intención de quemar los pensamientos-sentimientos negativos y cualquier energía negativa que te circunde.
- Ahora, visualiza al arcángel Miguel, que debe de estar detrás de ti con las alas bien abiertas, dándote cobijo y protección. El color que puede irradiar es el azul rey: envuelve tus cuerpos sutiles y tu cuerpo físico con ese color.
- Desde el corazón, con mucho sentimiento, pídele:
    - Sabiduría
    - Protección
    - Temperancia
    - Discernimiento (ver las cosas tal como son verdaderamente)

Espera unos minutos en silencio, con amor, y luego agradece su presencia. Deja que la vela se consuma durante un rato y luego apágala.

El Arcángel Miguel siempre está con ustedes, pero no son conscientes de él. Al invocarlo, tomas consciencia del plano angelical y, eventualmente, tus actitudes y tu visión de la existencia cambian. Las personas que lo pueden ver o sentir se percatan de que tiene una estatura enorme; es muy poderoso e irradia mucha Luz.

Continúo con la descripción de estos grandiosos arcángeles que regentan cada una de las Esferas del Árbol de la Vida.

7. *Janiel*: es un ángel del Quinto Cielo, gobierna también el día martes, y presta su servicio en el viento del este. Su nombre quiere decir "Eternidad de Dios". Es un jefe de los Elohines.

8. *Rafael*: es uno de los arcángeles más conocidos. Él y Miguel son los más representados en dibujos, retratos, o estatuas, y

son los que tienen mayor cantidad de lugares en el planeta Tierra dedicados a un ángel. Su nombre significa "Salud de Dios", también "Esplendor o Gloria de Dios"; quiere decir que glorifica a Dios, y demuestra esa gloria de Dios sanando. Es uno de los tres arcángeles reconocidos por la Iglesia Católica. Sus dones los otorga no solamente sanando al cuerpo físico, para lo cual usa su energía o rayo color verde, sino también sanando al cuerpo espiritual y previniendo de los ataques de los enemigos de Dios, mediante su rayo color naranja. Este arcángel sería lo que ustedes, en la jerga de la computación, llaman "antivirus". El color naranja, además, reúne en sí el poder curativo del sol y el poder de curación y de prosperidad del oro.

9. *Gabriel*: es el príncipe de los Querubines. Su nombre quiere decir "Dios es mi fortaleza, mi base, mi fuerza". Es, junto con Miguel, uno de los ángeles más venerados en la religión musulmana. Es el ángel de la resurrección, de la anunciación o de las "buenas nuevas", la revelación. Por eso el papa Juan Pablo II lo nombró patrono de los comunicadores sociales y de los policías. Es el ángel de la causa y efecto, que algunos de ustedes llaman venganza pero que no es más que eso: compensación. Además de Miguel, es el único ángel mencionado por su nombre en el *Antiguo Testamento*, ya que algunas religiones consideran apócrifo el libro de Tobías que, en realidad, es una historia donde el principal protagonista es el arcángel Rafael. La apariencia de Gabriel tiene 140 pares de alas.

10. *Sandalfón*: su nombre en griego es *Sandolfón*. Es uno de los grandes príncipes. Sarim en hebreo, es un eshim, cuya orden preside. Es uno de los ángeles más grande respecto a su altura. Es "más de quinientas jornadas de tiempo", más alto que Hadraniel; ésta es una medida de longitud que usamos los ángeles. Cuando Moisés, en la visita que hizo en vida al Reino Angelical, vio a este ángel, lo describió como "el ángel más alto".

Es uno de los jefes del Sexto Cielo y también del Séptimo Cielo. Sin embargo, los islámicos dicen que él permanece en el Cuarto Cielo. Los kabalistas sostienen que es él quien hace la diferenciación sexual en el embrión, le atribuyen a él esta diferenciación.

DESCRIPCIÓN DE LAS ÓRDENES A LAS QUE PERTENECEN LOS ARCÁNGELES DE LA *SEFIROTH*

1. *Chayots*: también se escribe Hayyoth. Su nombre quiere decir "Santos" o "Vivientes Celestiales". La palabra 'viviente', es lo que en el argot moderno ustedes llaman entidad, ser, inteligencia. Son muy parecidos a los Merkaba, ángeles que tienen un rango similar al de los querubines. Son ángeles de fuego. En el libro de Enoch se describe que cada uno tiene cuatro caras, cuatro alas y dos mil ojos; y están situados al lado de las ruedas de los Querubines. Ellos reciben desde el Trono de Dios el Divino efluvio que les permite mover las ruedas de los querubines. Enoch dice que solamente hay cuatro Chayots, o Hayyots, que abrazan y cubren con sus alas al universo. Si despliegan sus alas, al unísono, salen de ellos hermosas canciones de oración y se escuchan como si fuera la voz del Altísimo. Por eso, el profeta, cuando describió la visión que tuvo de ellos, dijo que mientras ellos movían las alas, se sentía como un ruido de fragor en la batalla, o como truenos.

2. *Ofanines:* literalmente, significa "Ruedas", y también "Muchos Ojos". Al principio, en el mundo de los hombres, fueron llamados Ofanín y, posteriormente, Galgallim. Su esencia es muy similar a la de los Tronos. En el *Zohar*, son descritos como un rango angelical más alto que los Serafines. Ofaniel es su jefe supremo, y Rafael y Rikbiel son los segundos en el mando.

3. *Elohim*: la palabra *Elohim*, en hebreo, es "*YHWH*", tanto en singular como en plural. Es la manera de llamar a un ángel, dándole el rango más alto, porque se lo está nombrando como se hace con Dios.

4. *Chasmalín*: son también llamados Hashmal. Es una de las fornas de llamar a los Dominaciones o Dominios. La palabra "Hashmal" indica una esfera llena de internos misterios velados o cuidados del alfabeto celestial. Están alrededor del Trono de Dios. Su jefe principal es Hasmal, secundado por Zakiel.

5. *Serafines*: dentro del esquema de órdenes angélicas de las iglesias cristianas y en las tradiciones hebreas, son los ángeles de mayor jerarquía. El plural es *seraf* que quiere decir "serpiente de fuego". Los Serafines rodean el Trono de Gloria de Dios cantando incesantemente el trisagio: "Santo, Santo, Santo es el Señor, Dios de la Gloria. Llenos están los Cielos y la Tierra de la majestad de Su Gloria". Son los ángeles del amor, de la gloria y del fuego. En la *Biblia*, en el *Antiguo Testamento*, Isaías se refiere a ellos cuando narra su visión, en la cual los vio como serpientes de fuego.

6. *Las Huestes del arcángel Miguel*: en los libros sagrados judeocristianos, se denomina "huestes" a los ejércitos de ángeles. En este caso, es el ejército o batallón que comanda directamente el arcángel Miguel porque, como ya expliqué anteriormente, Miguel es el comandante en jefe de todos los ejércitos celestiales. También, como se ha dicho antes, los grandes arcángeles, y en este caso alguien tan poderoso como Miguel, formaron sus propios ejércitos, por emanación. En estos ejércitos de los grandes arcángeles hay ángeles que no emanaron de sus jefes, sino que son ángeles se han unido a esos ejércitos por asimilación.

7. *Elohines*: fueron descritos en el número 3.

8. *Bene-elohines*: la traducción de su nombre es "hijos de Dios". Son ángeles y arcángeles que incesantemente están cantando alabanzas a Dios. Son similares a los Tronos. El jefe de su orden es Azazel. Algunas veces, los comparan con los Ischim; otras, han sido mal interpretados en las traducciones y se han descrito como "hijos del hombre", en lugar de "hijos de Dios", o sea, los primeros que se cruzaron con los humanos en el principio de los tiempos, para formar en el planeta una super raza.

9. *Las Huestes del arcángel Gabriel*: ellos prestan servicio en la novena Esfera o *Sefiroth*, así como las Huestes de Miguel prestan servicio en la sexta *Sefiroth*.

10. *Ischim*: son ángeles que están compuestos de nieve y fuego. Residen en el Quinto Cielo. La Kabaláh los cataloga como las bellas almas de los humanos justos que han muerto; aunque no son mencionados en las jerarquías cristianas. Su misión es ensalzar a Dios. Es una de las órdenes angélicas más altas. El jefe de esta orden es Zefaniah o Zefemiah.

MENSAJES DE LOS ARCÁNGELES (SEFIRÁHS) DE LA *SEFIROTH*

- *Metatrón*. Voy a darte un baño de limpieza aúrica. Compra una botella de "Bayrum" (es un agua de colonia fuerte que se prepara con el aceite que se extrae de unas hojas llamadas Malagueta, en Puerto Rico), y un frasco pequeño de "Cuerno de Ciervo". Divide la cantidad que trae el frasco en tres porciones iguales, y después de bañarte bien de pies a cabeza, en un recipiente que tengas listo para ese momento, coloca la tercera parte del Bayrum y unas gotas de Cuerno de Ciervo; no pongas mucho de este último, porque te vas a bañar con esta mezcla y es muy fuerte. Ahora báñate bien, primero con la ayuda de un recipiente pequeño que te sirva para recoger el líquido y derramarlo cuidadosamente por todas las partes de tu cuerpo, de manera que ninguna quede sin haber sido mojada por esta poción. Cuando sientas que todo tu cuerpo ha sido empapado con ella, procede a echarte el agua colocando el recipiente grande con todo el contenido restante sobre tu cabeza y, desde allí, déjalo caer, el agua debe derramarse por la mayor parte de tu cuerpo. Y mientras lo haces, dices:

En el nombre del Señor Dios, Poder sobre todos los poderes,
yo ... (dices aquí tu nombre completo) ordeno
que, con la ayuda del arcángel Metatrón,
me sea quitada de mi persona, de mi entorno, de mis caminos
y de mis bienes toda energía negativa.
Yo ordeno que cualquier energía negativa en mí sea tornada en positiva.
Me abro a toda clase de bienes y fortunas.
Los quiero, los atraigo y los acepto.

- *Raziel.* "Los sueños no están hechos de pereza, indiferencia o falta de ambición." Hay una diferencia entre suspirar por algo y hallarse preparado para recibirlo. Nadie se encuentra preparado para nada, hasta que no crea que pueda adquirirlo. El estado mental debe ser la convicción, y no la esperanza o el anhelo. La amplitud de miras es esencial para creer. La cerrazón de ideas no inspira fe, ni coraje, ni convicción. En la vida terrena para reclamar abundancia y prosperidad se requiere el mismo esfuerzo que para aceptar la miseria, el fracaso y la pobreza.

- *Jaspahakiel.* "El saber mucho duele." Todo se resuelve con la armonía y perfección para bien, nunca para mal. Siente más allá de tus propios sentimientos. Toca más allá de lo que estás tocando. Ser perceptivo no quiere decir "yo siento o padezco por otro", es tener comunicación con tu ente, o el ser universal. Es traspasar el velo que tienes, si crees en nosotros. No desfallezcas en ningún momento. El deseo de ver las cosas materializadas rápidamente déjalo a un lado.

- *Zadkiel.* "Trata de sanar tus carencias llenándolas con amor." No importa que ese amor sea para ti mismo, porque cuando es amor para ti mismo, lo vas a proyectar a los demás. Nunca esperes que otros llenen estas carencias. La persona no caerá en un excesivo egoísmo si sabe canalizar la verdad. Es un sentir propio del ser espiritual. Cuando emprendas la tarea de llenar vacíos con tu personalidad y tu propio ser empiece a encontrar caminos diferentes que te nutran como entidad espiritual y física, conseguirás una mejor personalidad. Vas a cambiar, verás de diferente manera las cosas externas. Vas a sentir a todos los que te rodean, comenzarás a percibir sus vibraciones como son, sin mentirte a ti mismo.

- *Kamael.* No se puede controlar por completo la mente subconsciente, pero sí es posible transmitirle cualquier plan, deseo o propósito que se quiera convertir en una forma concreta. En cada momento, llegan pensamientos negativos y positivos a tu mente. Debes cerrar el flujo de los impulsos negativos y aceptar solamente los pensamientos positivos, a la vez, ayudar para que influyan sobre el subconsciente por medio de impulsos positivos del deseo. Ésta es la manera de abrir la puerta de tu subconsciente. Debes controlar esa puerta completamente, de tal manera que ningún pensamiento no deseado pueda influir en la mente subconsciente.

- *Miguel.* "Sanando con energía." Recibo instrucciones del amado arcángel Miguel para darte este ejercicio: coloca el dedo índice de tu mano derecha sobre tu sien derecha, al mismo tiempo que el índice de tu mano izquierda en tu sien izquierda. Quédate así un rato. Luego, desliza los índices desde la sien hacia abajo, y detente en la mitad de la oreja, más o menos en línea recta con el inicio del párpado inferior. Después, sigue bajando en línea recta hasta llegar debajo de la oreja, debajo de la quijada. Ésta es una manera de retroalimentarse energéticamente. Se retroenergiza quien lo hace. Sólo debes imaginar que de ti sale la energía negativa que está dañando el lugar donde presionas y que, por el mismo lugar, también sale la energía negativa que haya en cualquier parte de tu cuerpo. Esto también es aplicable tanto a energía negativa del mundo etérico como del mundo físico: dolencias, enfermedades, malestares, etcétera.

- *Janiel.* "Trae este mensaje para ti." Quienes se dejan hundir en la frustración y la pobreza, es porque están aplicando erróneamente los principios de autosugestión. La Ley de Correspondencia obra creando la realidad de lo que es un pensamiento en tu mente o un deseo en tu corazón.

- *Rafael.* Yo, tu ángel Israfel que está escribiendo este libro para ti, pregunté a un colega, ángel de las Huestes del arcángel Rafael, sobre el motivo de la enfermedad, y él me contestó: "La enfermedad te hace comprender que Dios existe. Porque, a través de la enfermedad y del dolor, despiertas el nivel de consciencia que necesitas". Analiza, querido, que en realidad cuando se ven "tocados" por una enfermedad grave, su punto de vista sobre la vida y lo que verdaderamente tiene importancia, su manera de ver el mundo espiritual y a Dios, se modifica. Cambia su comprensión. El arcángel Rafael me ha encomendado a mí, arcángel Israfel, entregarte a ti la siguiente oración:

Pido humildemente a Dios, a los Poderes cósmicos y al arcángel sanador,
Rafael,
que por su conducto envíen al paciente "NN"
las fuerzas curativas del universo
y el despertamiento de los poderes creadores y constructivos
que en él residen.
Que cese su dolor y vuelvan las condiciones normales
que conducen a la perfecta salud.

(Me ha encomendado también que la acompañes con el siguiente ritual.)

Ritual para sanar enfermedades

Este ritual debe hacerse un día domingo, en Luna nueva. Utilizar un aroma curativo, por ejemplo, limón. Pártelo en dos o cuatro pedazos para sentir su aroma. Tritura una pastilla de alcanfor y espárcela por el espacio físico donde vas a estar trabajando en este ritual. Sobre una mesa cubierta con un mantel blanco, en un vaso de vidrio, o de cristal, pon agua con unas ramas de la planta conocida como menta, o puede ser "yerba buena" (que es igual en su forma a la menta, pero más chica). En un plato o recipiente blanco pequeño coloca escarcha verde.

Pon a sonar una hermosa melodía de música clásica que te produzca paz y alegría, como un vals de Strauss o algo de Chopin, también puede ser música instrumental. Siéntate cómodamente y cierra los ojos. Cuando estés bien relajado, visualiza que de la planta sale una energía verde con rayos verdes de sanación que provienen del arcángel Rafael.

Observa tu cuerpo sano. Si vas a hacerle sanación a otra persona, la observas a ella completamente sana y dices su nombre completo. Visualiza ahora que cada uno de tus órganos está, uno por uno, cubierto por esta energía verde. Y si trabajas para sanar a otra persona, observa sus órganos completamente sanos, envueltos en esta llama de salud. Y dices: "Que ninguna sombra de oscuridad apague la Luz de este cuerpo que deseo sanar". Luego, repites tres veces: "Purifícalo, purifícalo, purifícalo"; y seguidamente afirmas: "¡La salud es un Don! ¡La salud es un Don! ¡La salud es un Don! Y por eso la poseo". En el caso que sea para otra persona, debes decir: "...Y por eso (nombre completo) la posee".

- *Gabriel*. Yo, Israfel, tu ángel, te transmito este mensaje del arcángel Gabriel: "Ustedes, los humanos terrestres, no buscan dentro. No acallan sus pensamientos. Viven del bullicio, que es una espina para el espíritu. No calman su sed de conocimiento en la sabiduría". ¡Y es tan hermoso sentir esta paz!... Si consigues el silencio en tu alma, será muy fácil hablar con el maestro. Gabriel da a ti este tratamiento para mantener tu ambiente y tu persona limpios de energías negativas:

Trata de tener en tu casa, negocio u oficina, flores blancas, preferiblemente azucenas (lirios), jazmines y nardos. Que se esparza la fragancia de estas flores por tus ambientes. A nosotros, los ángeles, nos encantan esos aromas y nos atraen porque vamos a disfrutar de ellos en su cercanía material.

Hazte tres baños, como se te ha explicado anteriormente. Es decir, debes bañarte bien con jabón y enjuagar todo tu cuerpo. Para esto, ya debes tener preparado un recipiente con agua en el cual meterás los pies, para que ninguna parte de tu cuerpo quede sin mojarse. Además, debes echarte agua en todos los orificios del cuerpo; y después sí te echas toda el agua restante sobre todo el cuerpo.

Ahora, luego de estar bien bañado, tomas un recipiente que habrás preparado previamente con agua y pétalos de rosas blancas, o si no tienes rosas blancas, pones jazmines o colocas nardos. Es preferible el jazmín y los nardos a la rosa. Y te bañas con esta agua donde han reposado por varias horas las flores. Mientras lo haces, piensas, decretas, afirmas que todos tus cuerpos han sido limpiados por la magia de esta agua y las flores y por la gracia del arcángel Gabriel.

- *Sandalfón.* Uno de los problemas que más aqueja a la humanidad es la falta de salud física. Eso ocurre por a del desequilibro interno que tienen los humanos. Para equilibrarte, construye con cartón grueso, para que las paredes no se deformen, una pirámide cuyos lados sean iguales. Déjala sin tapa en su parte de abajo. Es decir, no la selles para que, invisible y energéticamente, los rayos de sus lados continúen hasta el suelo. Debajo de la cama (o del colchón, si la cama por su estilo o construcción no permite colocar algo debajo de ella), pon la tapa inferior de la pirámide. Esto es para que, en relación con el piso de la pirámide, quedes en una altura proporcional a la cúspide de la misma. Debes colgar la pirámide del techo, sobre tu cama, así tu cuerpo queda debajo de sus vórtices. Y fija sus lados de tal manera que ellos enfrenten los puntos cardinales. Ejemplo: uno de los lados debe quedar bien al frente del norte. De esta forma, los otros tres lados estarán alineados con el sur, el este y el oeste, respectivamente. En muy poco tiempo, notarás las mejorías que se suceden en tu salud. Sandalfón, además, quiere recordarte unas frases bíblicas que no deberías olvidar, sobre todo cuando te quejas tanto porque no ves que tus metas sean alcanzables a pesar del esfuerzo sincero que pones para su logro. "Todo lo que desees, cuando ores, cree que lo haz recibido, y así será."

Todo tiene una razón de ser.
Todo tiene su motivo, y tu motivo
no es igual al motivo de otro ser.
Pero todo encaja, todo funciona y funcionará a la perfección.

Capítulo 11

Los ángeles portadores del nombre sagrado de Dios

La Kabaláh tiene una tabla que ha sido representada de varias formas. Una de ellas es una hermosa flor de grandes proporciones, con setenta y dos pétalos. En cada uno de ellos está escrito un nombre. Y cada uno de estos nombres representa uno de los sagrados apelativos de Dios. Esta estructura con los sagrados nombres Divinos se llama, en español, "Shejamforáh". Esos mismos nombres Divinos pertenecen también a setenta y dos ángeles que los ostentan. Estos ángeles son muy poderosos, es por alguna razón que conllevan el nombre de Dios.

1	Vehuhiah	19	Leuviah	37	Aniel	55	Mebvahiah
2	Ieliel	20	Pahaliah	38	Haamiah	56	Poiel
3	Sitale	21	Nelchael	39	Rehael	57	Nemamaih
4	Elemiah	22	Ieilaiel	40	Ihiazel	58	Ieilael
5	Mashasiah	23	Melahel	41	Hahahel	59	Harahel
6	Lelahel	24	Hahuiah	42	Michael	60	Mizrael
7	Aehaiah	25	Nithhaiah	43	Vevaliah	61	Umabel
8	Cahethel	26	Haaiah	44	Ielahiah	62	Iahhel
9	Haziel	27	Ierathel	45	Sealiah	63	Annauel
10	Aladiah	28	Seehiah	46	Ariel	64	Mehekiel
11	Lauiah	29	Reiiel	47	Asaliah	65	Damabiah
12	Hahiah	30	Omael	48	Mihael	66	Meniel
13	Ieiazel	31	Lecabel	49	Vehuel	67	Eiael
14	Mebahel	32	Vasariah	50	Daniel	68	Habuiah
15	Hariel	33	Iehuiah	51	Hazaziah	69	Rochel
16	Hakamiah	34	Lehahiah	52	Itnamiah	70	Iibamiah
17	Leviah	35	Chavakiah	53	Nanael	71	Haiaiel
18	Caliel	36	Monadel	54	Nithael	72	Mumiah

Conexión con ángeles

Para invocar a Dios y a sus ángeles más poderosos, necesitas el ingrediente más importante: la Fe. Si oras diciendo ocho de estos nombres, en alta voz y, al mismo tiempo que pronuncias cada uno, zapateas fuertemente, levantando la pierna y golpeando el piso con fuerza, crearás el campo energético para que su presencia sea cerca de ti. Tienes que aprender a conectarte poniendo atención, visualizando, sintiendo lo que dices en la oración.

Cuando el orante no se conecta, no establece el vínculo necesario para obtener respuesta. Un ejemplo de esta oración: "Yo ... (aquí dices tu nombre completo), siervo de Dios, oro ante ti y te conjuro a ti Leviah (dilo gritando y zapateando con fuerza, y haces lo mismo luego de cada nombre que sigue), Chavakiah, Nanael, Mumiah, Haiael, Caliel, Itnamiah, para que me sea concedido, en orden Divino y por la gracia perfecta, el favor que solicito ... (aquí menciona el milagro que deseas)".

Invocando el nombre del Perfecto Uno, doy las gracias porque me ha sido concedido este favor que ya es una realidad perfecta en mi mundo material, en el aquí y en el ahora. Puedes hacer esta misma oración utilizando otros del conjunto de los nombres Divinos.

LIMPIEZA PROTECTORA DEL AMBIENTE

Cuando sospeches o sensorialmente percibas que tu vivienda o lugar de trabajo está siendo agredido por energías no polarizantes, o cuando una persona ha estado trabajando con energías de "no Luz" y desea retornar al bien y a la Luz, se debe seguir las siguientes instrucciones.

1- Permite la entrada de los rayos del sol y del aire en todos los ambientes. Donde hay buena o excelente iluminación y ventilación, hay buena energía. Nunca sacrifiques ventilación e iluminación por evitar que una habitación se llene de polvo que proviene del exterior.

2- Lava el piso con agua y jabón, preferiblemente jabón azul, y en el agua pon un poco de Cuerno de Ciervo (esa preparación que es tan fuerte como el amoníaco).

3- Realiza una vaporización poniendo a hervir en un recipiente las siguientes hierbas aromáticas: romero, yerba buena, tomillo, toronjil, albahaca, mejorana, manzanilla, malva y hierba de Ángel; luego la pasas por toda tu vivienda o negocio.

4- Si tienes antigüedades, muebles u objetos viejos, heredados o recibidos de otra persona, lávalos muy bien y los debes exponer al sol durante veinticuatro horas (de sol).

5- Coloca en cada habitación de la casa plantas de sábila y pedazos de carbón vegetal en los rincones.

6- Prepara arreglos con flores blancas y amarillas, por ejemplo, margaritas, o crisantemos de ambos colores, colócalos como follaje, y agrega hojas de ruda. Cámbiales el agua dos veces en el día, durante ocho días.

7- Enciende tres varillas de incienso. Limpia cuidadosamente todos los ambientes, rotando, durante el primer recorrido, de izquierda a derecha. Debes volver sobre lo andado, rotando de derecha a izquierda.

Mientras estás realizando todo este proceso, reza los siguientes *mantrams* de protección:

Santo, Santo, Santo, Kadosh, Kadosh, Kadosh Adonai Tzabiosh.
Elí, Elí, Elí, Aleluya, Aleluya, Aleluya, Yom Meshiah Hey Meshishi.

Esta limpieza debe hacerse semanalmente; es preferible los días martes o jueves. En especial en los lugares donde haya desencarnado un ser, o cuando se perciba pesadez en el ambiente, si te das cuenta de que hay muchas rencillas o controversias, en el hogar o entre socios, compañeros de trabajo, etcétera, o cuando se enferma, sin ninguna razón aparente, un ser vivo de la casa, oficina, o negocio.

UNA PODEROSA PROTECCIÓN CON LOS NOMBRES SAGRADOS

Los hebreos no solamente tienen como nombres santos de Dios los que acabamos de ver que pertenecen a la Kabaláh, sino también tienen otros como Jeová, Yavéh, Adonai, Acodois, etcétera.

A continuación, te doy una protección poderosísima, que utiliza el sagrado nombre de Dios como un escudo protector. Repetir tres veces el nombre "Acodois", y repetir doce veces el nombre "Adonays". Asimismo, repetir doce veces el nombre "Sevioz", y luego, las siguientes palabras que te voy a escribir tal como se pronuncien: *"Juud-jee, Vuud-jee"*. Pero antes de hacer la repetición de estos nombres y palabras como *mantrams*, envuelve tu casa con la Luz sagrada del Padre Omnisciente y con los nombres secretos y sagrados del Omnipotente (Dios).

DESARROLLO DE TU PROPIA DIVINIDAD

Ya están desapareciendo los mitos. La realidad que están aceptando como auténtica, de que el ser Divino es poderoso y puede hacer todo lo que sea generar causa, es causa. Los humanos han vivido durante estos miles de años siendo efecto, no siendo causa, por lo tanto, en la medida que puedas eliminar esa causa, desaparecerán los mitos. Esto quiere decir que se está acostumbrado a crear motivos que terminarán en algo que no se quiere, en lugar de crear el resultado que sí se quiere o desea. Las falsas creencias desaparecerán cuando se aprenda a crear los efectos que sí se desean realmente para la vida. Se logra desarrollando, dentro de ti, el conocimiento, la sencillez y la familiaridad con tu propio ser interno, que se encuentra dentro de ti. Si logras establecer un equilibrio armónico en la vibración, permanecerá en ti ese ser Divino y no habrá distingos entre el Yo Superior y el yo humano. Habrá una familiaridad, como la que puedes tener cuando conduces un vehículo. Tienes conciencia de que tu cuerpo es el vehículo de tu Yo, ser Divino.

Todos ustedes serían, en un momento dado, una deidad, un dios, porque simplemente, cuando logres controlar tus emociones, en el sentido de que todo sea para ti absolutamente normal y nada te asuste, nada te impresione, nada te cause impacto, entonces tu ser se armonizará hasta el punto que no haya más separación; porque ya no tendrás que buscarlo, ni tener actitudes, ni adoptar posiciones, ni hacer ningún tipo de ritual para que tu propio ser se solidifique hasta que ya no exista más separación: para que tú mismo produzcas y crees la causa.

Esto lo puede lograr cualquier persona del mundo terreno, de acuerdo con su evolución personal, según cómo esté preparado. Recuerda que tu libro sagrado dice: "Muchos son los convocados, mas pocos los elegidos". Hay un gran porcentaje de la humanidad que es llamado, que tiene acceso al conocimiento, pero la libre elección o el libre albedrío determinan si puede, o no, hacerlo. Tú eliges tu vida, tú eliges si quieres seguir adelante o si quieres permanecer inmóvil en tu evolución.

Porque cuando tu actitud es indiferente a todas estas cosas, aun sabiendo que hay una "espinita" que te está lastimando y diciendo que debes hacerlo, tu actitud es más indiferente, porque los patrones que te acompañan no te ayudan para acceder a esa verdad; bajas tu escala y llegas a bajarla totalmente. De ahí proviene la enfermedad y viene el hundimiento total, hasta llegar a la muerte física y, por lo tanto, tienes que volver a empezar. Ésa es la causa.

Siempre ha habido movimientos espirituales y religiosidad en el ser humano a lo largo del tiempo. Es posible que se note más ahora, porque debido a la acción existencial actual, la religiosidad de ahora se ha convertido en un convencimiento. Ya no se trata de estar siguiendo pautas arcaicas: no. En la actualidad, cada cual está buscando, por la dinámica misma, la propia supervivencia. De acuerdo con el estado de purificación que tenga la persona, su ser interno le revela que hay que seguir adelante, que existen motivos suficientes para no aceptar la vida como comúnmente se la han enseñado: llena de frustraciones, derrotismo y con la convicción de que, de pronto, se acaba. Tienes que comenzar a hacerte consciente de tu propia evolución espiritual.

La creencia y práctica en tu propia naturaleza espiritual produce creatividad primitiva. Un buen ejercicio para desarrollar tu propia Divinidad es fortalecer tu capacidad creativa, para lo cual te recomiendo hacer el siguiente ritual.

RITUAL DE CREACIÓN MENTAL

Consigue un cuarzo suficientemente grande como para que su diámetro no sea menor de cinco centímetros, no importa el largo, tampoco importa si está pulido o no. Sí debe ser un cuarzo de color claro.

Visualiza que dentro de él introduces tus creaciones. Por ejemplo, supongamos que deseas una casa. Visualiza la casa como si hubieras hecho una maqueta con todos sus detalles, sus colores, ventanas, jardines... Y, mentalmente, la introduces dentro del cuarzo. Luego, visualiza igualmente vívida otra de tus metas o algún anhelo, y también los introduces en el cuarzo.

Cuando hayas terminado de visualizar e introducir tus peticiones al Cósmico, lleva la piedra a una parte alta de tu vivienda, donde nadie la pueda quitar de ahí, o tocarla, y donde pueda quedar expuesta al sol y a la noche. Cuando la hayas colocado en el sitio donde la vas a dejar, decreta que estás pidiendo al universo aquello que ahí está encerrado, para que se transforme en una realidad física en tu vida, en el aquí y ahora.

Todos los días, debes reforzar mentalmente esas peticiones. Recuerda que debes pensar y decretar en positivo, pero hay que saber usar el positivo. Por ejemplo, una persona que sufre de acidez decreta: "Ya estoy sana de la acidez". Fíjate que no está diciendo nada negativo ni utilizando la palabra "no"; pero está empleando la palabra "acidez" y así le está dando fuerza. Lo que tiene que hacer es olvidarse de la palabra "acidez" que es lo que no quiere tener, y pensar en reforzar algo de su salud. Decir: "Ya soy saludable. Mi digestión es perfecta". Así, está reforzando la perfección y la sanación de su digestión.

COMPROMISO CON EL UNIVERSO

Yo, tu amigo arcángel Israfel, te pregunto a ti: ¿Recuerdas cuando leíste, cuando eras un chico, sobre esos amigos que hacían un compromiso que sellaban con sangre? Eso tiene su fondo de verdad. El compromiso que se haga firmado con la propia sangre tiene un valor indescriptible, porque lo estás haciendo con tu propia esencia.

Por este motivo, te propongo hacer un compromiso de tu parte con el universo. Busca un papel bien lindo donde puedas escribir tu compromiso; algo así como los cambios que vas a hacer para alcanzar tus metas; tus propósitos para obtener los logros. Y luego, en tu nombre y en el del universo, firmas con tu propia sangre. Pero ¡no te alarmes! Simplemente, con la misma pluma con que escribiste el compromiso, firmas poniendo tu nombre completo y también la fecha de ese memorable día. Después, toma un alfiler pequeño y te haces un leve pinchazo en el dedo índice de tu mano dominante, y cuando te haya salido la gotita de sangre, la depositas sobre la firma aplicando tu dedo ahí. Finalmente, es necesario que laves bien el alfiler para que tu sangre no sea contaminada con nada.

Así, de esta forma, tú quedas convencido de que este compromiso es una realidad y, por lo tanto, con mucha fe, esperas la materialización de lo que ya está en el mundo etérico. Guarda muy bien el compromiso y quémalo cuando veas que lo esperado se haya cumplido, al menos en su mayoría, y que lo que falta ya no te interesa.

Si moras en mí, y mis palabras moran en ti,
pedirás lo que quieras y te será dado.

Capítulo 12

Los ángeles en el zoroastrismo

El zoroastrismo es una religión oriental fundada por Zoroastro (Zaratustra, su traducción es "propietario de los camellos dorados"). Al igual que las religiones judeocristiana, la islámica y de la mayoría de las religiones reconoce varias clases de seres espirituales, además de su Ser Supremo que es llamado "Ahura Mazda".

Te voy a explicar un poco más. Zoroastro fundó la primera religión monoteísta de Persia, llamada mazdeísmo, la cual terminó siendo denominada, por derivación, con el nombre de su fundador.

El *Zend Avesta* es la obra escrita que dejó Zoroastro. La parte fundamental del *Avesta* está compuesta en su primera parte por cantos sagrados que reciben el nombre de *gathas*. La versión más antigua que se conoce del *Zend Avesta* data del siglo IX, aproximadamente 1500 años después de la muerte de Zoroastro.

Durante su vida, Zoroastro fue un tenaz opositor de las religiones politeístas presentes en la zona del valle del Indo y Persia. Aunque logró algunos éxitos en su eliminación, fue recién después de su muerte que el mazdeísmo logró una gran expansión en la zona, convirtiéndose en la religión oficial de los aqueménidas[15] y de los sasánidas hasta bien entrada la Alta Edad Media.

La expansión del islam prácticamente eliminó al mazdeísmo, que sobrevivió ocultamente en algunas comunidades persas y en la isla de Ormuz, en el Golfo Pérsico, así como también en algunas partes de la

---

[15] Los aqueménidas constituyeron una dinastía persa fundada por Aquémenes. Se inició en el año 688 y terminó en el 330 de Jesucristo, con la muerte de Darío III Codomano. Los sasánidas gobernaron en Persia desde el año 226 a. de C. hasta el 632 d. de C.

India. Es de destacar la influencia tan importante que las bases fundamentales del mazdeísmo, y su polarización total del Bien y del Mal, ejercieron en el judaísmo y, a través de ésta, en todas las religiones judeocristianas y en el islam.

Entre los seres espirituales que acompañan a Dios, llamado por los zoroatristas Ahura Mazda, estamos los ángeles. Ellos creen que tenemos sexo. Así, arcángeles y ángeles que ellos mencionan aparecen con su sexo completamente definido. (¡Ejem…! Respeto su opinión…)

Ahura Mazda (dios del zoroastrismo), representado en bajorrelieve en Persépolis (antigua capital persa).

Ellos creen que el seguidor del zoroastrismo debe colocarse bajo la protección de un ángel que ha de acompañarlo durante toda su vida, en lugar de creer que un ángel le es designado al seguidor desde antes de nacer, por lo cual, cuando nace ya está, desde la gestación, acompañándolo.

LOS ARCÁNGELES O AMESHA SPENTAS

En esta religión los arcángeles son llamados "Amesha Spentas", cuya traducción literal es "inmortales benéficos". Pertenecen al servicio directo y privado de Dios. En la jerarquía de los dioses (ángeles), están directamente después de Ahura Mazda. Sus jefes son:

- *Vohumanah*: su nombre quiere decir "mente de Dios". Preside sobre los ganados. También personifica el sentido común y la sabiduría. Representa a los animales que son benéficos para la humanidad, en especial la vaca.
- *Asha Vahista*: este nombre quiere decir "el Supremo". Preside sobre el fuego. Es la personificación de la verdad santa. Protege el orden moral y físico en el planeta Tierra. Es el principal adversario del mundo de los demonios. Este Amesha Spenta es el ser que en las religiones judeocristianas y en el islamismo llaman Miguel arcángel.
- *Khshatra Vairya*: su nombre quiere decir "el dominio deseado". Preside sobre los metales. Es el protector de los pobres, aunque también de la realeza. Es un ser contradictorio: utiliza sus propias armas para conseguir y preservar la paz.

Te transfiero una oración entregada por Khshatra Vairya para preservar la paz en el planeta Tierra y en tu propio país.

Con el permiso de Dios Todopoderoso, Ahura Mazda y el arcángel Miguel, pido en esta hora y en este santo momento por la paz del mundo entero, por mi familia (por tus hijos si los tienes), por todos los niños desamparados, por todos los ancianos desvalidos, por todos los inocentes perseguidos, porque la justicia sea justicia, por todos los hermanos que no tienen quien ore por ellos, y pido por mí. Necesito el perdón de todas mis faltas. Pido por mi salud, mi protección y evolución. Amén.

- *Spenta Armaiti*: el nombre quiere decir "devoción santa". Preside sobre la Tierra. Es la personificación de la devoción a las cosas santas. Se lo asocia con la fertilidad. Los días doce y quince de cada mes son dedicados a este Spenta. Los matrimonios que tienen problemas de fertilidad deben beber vino tinto los días mencionados, en honor a este Spenta, pidiéndole con mucha fe por el hijo deseado. Recuerda: del tamaño de tu fe será el tamaño de la respuesta.

- *Haurvatat*: su nombre quiere decir "perfección" o "salud". Preside sobre el agua. Concede prosperidad y salud. El tercer mes del año se dedica a su honor. Para obtener prosperidad, enciende una vela amarilla rodeada de hojas de laurel durante todos los días de marzo (el tercer mes del año), para que Haurvatat bendiga con prosperidad tu hogar o tu negocio.

- *Ameretat*: quiere decir "inmortalidad". Preside sobre la Tierra. Es el protector de las plantas. El día cinco de cada mes se dedica a él. Si quieres tener buenas cosechas, ese día de cada mes enciende en honor a Ameretat una vela (o velón) verde como el color predominante en la naturaleza. Colócala dentro de un frasco y, a la vez, a éste dentro de un recipiente de vidrio lleno de agua. Luego, con esta agua riega tus plantas; si es poca, echa el agua en un recipiente más grande, en un balde, para que la cantidad de agua que agregues tome esta energía.

- *Spenta Mainyu*: es la personificación de la obediencia. Es el mensajero del gran Dios. Si tienes hijos díscolos y desobedientes, pon flores blancas en honor a Mainyu, pidiéndole que tu hijo comprenda que esa conducta díscola y de rebeldía no le conviene y que la deponga, que se transforme en una persona sensata y entienda que lo que haces por él, o ella, es por su propio bien.

- *Athura Mayhta*: guía las almas de los muertos en su viaje por la vida después de esta vida. El día diecisiete de cada mes es dedicado a su ser. Conserva este nombre en un lugar visible, o márcalo con un resaltador, para que cuando algún ser querido desencarne, le pidas que lo guíe hasta Dios. Debes rezarle durante nueve días a partir del día del fallecimiento; además, puedes encenderle durante esos días de rezo una vela blanca. Debajo de la vela (llama, lámpara o candela) coloca el nombre del difunto, escrito con lápiz de grafito negro sobre un papel que se dobla en cuatro partes.

Oración poderosísima de los Amesha Spentas

¡Oh, adorable Señor de Misericordia y Amor!
Salutaciones y postraciones ante Ti.
Tú eres existencia, conocimiento, éxtasis absoluto.
Eres omnipresente, omnipotente, omnisciente.
Eres el morador en todos los seres.
Concédenos un corazón comprensivo.
Visión igual, mente equilibrada.
Fe, devoción, y sabiduría.

Concédenos fortaleza espiritual e interna
para resistir tentaciones y controlar la mente.
Líbranos de egoísmo, lujuria, ira, odio y celos.
Colma nuestro corazón de virtudes Divinas.

Te contemplamos en todas tus formas.
Te servimos en todos tus nombres.
Te recordamos siempre.
Cantemos por siempre Tus glorias.
Que tu nombre esté por siempre en nuestros labios.
Moremos en Ti para siempre.

LOS ÁNGELES GUARDIANES O FRAVASHIS

Los Fravashis, cuyo nombre quiere decir "santos ángeles guardianes", eran quienes originalmente patrullaban los linderos del cielo.

El singular de su nombre es Fravastin. Se ofrecieron como voluntarios para bajar a la Tierra y acompañar a la humanidad hasta que finalicen sus días mortales. Por medio de revelaciones, Ahura Mazda le comunicó a Zaratustra que podía invocar a los Fravashis cuando se encontrara en peligro. Si no hubiera sido por los ángeles guardianes, el planeta con sus animales y personas no existiría más, porque hubiera sido destruido por el demonio Druj.

Los Fravashis manifiestan la energía de Dios y preservan el orden en la Creación. Vuelan como pájaros alados y son representados por un disco alado, frecuentemente con una persona sobrepuesta en el disco. Son un ideal para el alma que se esfuerza por emularlos, para después de muerta convertirse en uno de ellos. Cada familia o clan tiene su propio espíritu que los cuida y guía. Los Fravashis ayudaron a Ahura Mazda en la creación del universo y defienden con lanzas el cielo.

Representación de un Fravastin (singular de Fravashis).

Oración de los Fravashis

Oh Señor, el que se ha creado a Sí Mismo:
Permite que haya paz y bienestar en todo el planeta Tierra.
Que todos los seres humanos hagan el bien los unos a los otros.

Que el mal se apacigüe.
Que el mundo sea feliz en todos sus sentidos.
Amén, Amén y Amén.

LOS ÁNGELES O ZAYATAS

Son seres espirituales encantadores. Al igual que los Amesha Spentas, personifican las ideas abstractas y las virtudes, al mismo tiempo que los objetos concretos de la naturaleza. Los Zayatas siempre están trabajando para ayudar a la humanidad y protegerla del demonio. Los más conocidos son:

- *Aban*: es un ángel también conocido como Arduisur. Es un *Yazad* (ángel) femenino que personifica el agua. Reside en las regiones de las estrellas.
- *Ahurani*: es el ángel femenino que preside sobre el agua (mares y ríos).
- *Airyaman*, de origen indo-iraní, preside sobre la amistad y la sanación. Cuando quieras que una amistad prospere, coloca un recipiente de vidrio casi lleno de agua transparente. Flotando, pon un jazmín del cabo, de esos grandes que parecen rosas, con el tallo recortado. Lo ofreces a Airyaman para que proteja esa amistad y para que, en el caso de que la otra persona no tenga intenciones claras y sinceras hacia ti, se retire sola; sin tener que llegar a un disgusto o malentendido.
- *Akhshti* es el ángel que personifica la paz. Cuando necesites paz tanto interiormente como en tu hogar o lugar de trabajo, consigue un ramillete de hojas pequeñas y lo cuelgas detrás de la puerta (no importa qué clase de flores).
- *Agnaghra Raocha* es quien personifica la Luz que no tiene fin. Para hacerte una limpieza, en ti y en todos tus asuntos, te da la

siguiente fórmula. Durante cinco días, báñate con agua fría, usando jabón azul, debes lavar tu cabello también. Luego, te enjuagas con agua de manzanilla (puede ser la manzanilla que viene en bolsitas o saquitos, como las de té).

- *Apan Napt* es el ángel de las aguas; también de origen indo-iraní.
- *Aredvi Sura Anahita* es un ángel femenino muy fuerte. Es también conocido como *Aban Yazad*. Si eres una mujer débil que necesita fortaleza interna, que no es capaz de quitarse de encima un yugo, romper una relación que te perjudica o daña, pídele ayuda a este Zayata.
- *Ashi Vanghuhi* es un ángel femenino que personifica la rectitud y la justicia. Si tienes entre manos un pleito, juicio o malentendido con otra persona, solicita a este ángel que se haga justicia Divina en esa querella.
- *Asman* es quien preside sobre el cielo.
- *Atar* preside sobre el fuego. En el Avesta, se refieren a este ángel como al hijo de Ahura Mazda. De vez en cuando, acuérdate de este ángel y solicítale proteger del peligro del fuego desbordado tu hogar, tu negocio y todos tus bienes, incluso tu persona.
- *Chisti* o *Chista* es un ángel femenino que personifica la sabiduría religiosa. Su nombre significa "instrucción". Es también conocido como Razishta Chista.
- *Daena* es un *Yasad* (ángel) femenino que preside sobre la religión y el Yo Interior o conciencia.
- *Dahm* es a quien se invoca el cuarto día después de la muerte de algún ser querido.
- *Dahma Afriti* es el que encarna el poder de la bendición. Te entrega el siguiente consejo: los humanos han descubierto

recientemente a través del estudio de las moléculas del agua, cómo éstas se transforman. Cuando corresponden a agua que viene cantarina bajo los rayos del sol, sin contaminación, circulando por un hermoso arroyo, es posible distinguir preciosas moléculas con increíbles formas de plácida belleza. Mientras que las del agua contaminada, o sobre la que se han dicho imprecaciones o maldiciones, se convierten en horrendas, fantasmagóricas y satánicas imágenes. Por esa razón te aconsejo que cuides muchísimo los millones de moléculas de agua que hay en tu cuerpo físico, que resultan afectadas por tus pensamientos, deseos, emociones, sentimientos, palabras y acciones. Antes de beber agua, bendícela: coloca sobre el vaso de agua tus manos como cuando vas a orar, que unes las yemas de los dedos de la mano derecha con las de la izquierda. En lugar de pegar las palmas de las manos, sepáralas, formando una especie de triángulo que colocas sobre el agua, como lo hacen los sacerdotes católicos sobre el cáliz cuando bendicen el agua mezclada con vino en la ceremonia de la misa. Igualmente tú, pon tus manos mientras piensas que estás bendiciendo esa agua, convirtiéndola en la más pura vida, enérgica vida, saludable vida. Y luego la tomas, pensando que estás bebiendo la sanación para todos tus cuerpos y pidiéndole a Dahma Afriti que permita que todo lo que estás decretando sea cumplido. ¡Y así será!

(Te entrega un sortilegio: si deseas que en tu casa siempre haya muy buenas vibraciones, si deseas alejar a entidades negativas, busca en la playa piedras claras y planas. Colócalas en determinados lugares de tu casa formando una estrella. Así evitarás que donde se encuentre esta estrella, entren entidades negativas.)

- *Damoish Upamana* es un ángel que ataca lo maldito, lo prohibido, el anatema.

- *Drvaspa* es un *Yasad* femenino que personifica al ganado.
- *Erethe* es un ángel femenino que personifica la verdad.
- *Haptoiringa* es un ángel asociado con la constelación Osa Mayor. Para conseguir el encuentro con tu alma gemela, si te hallas en el hemisferio norte, mira hacia el norte durante la noche, buscando esta constelación. Si vives en el hemisferio sur, de todas maneras, orienta tu vista hacia el norte y a este *Yasad* (ángel) le pides que te ayude a comunicarte mentalmente con quien es tu alma gemela y todavía no conoces. A través de este ángel envía mentalmente mensajes para indicarle a tu alma gemela dónde te encuentras, cómo te llamas y que la estás esperando ansiosamente para ambos ser felices, para enfrentar, de igual a igual, con comprensión y tolerancia, con respeto al libre albedrío de la pareja, la vida que les espera juntos. No desmayes en este ritual que debes hacer todas las noches, mirando las estrellas. Si está nublado, hazlo igual, porque las estrellas continúan allí; simplemente, las nubes están impidiéndote que las veas.
- *Havani* es el que preside sobre la hora del mediodía.
- *Hvare-Khshaeta* preside sobre el sol. Literalmente, la traducción de su nombre significa "el sol brillando". Si deseas tener una salud bien equilibrada, levántate temprano y en tu terraza, balcón, o ventana, enfrenta al sol. Abre los brazos al nivel de tus hombros, de manera que queden bien extendidos, y haz una reverencia diciendo:

Oh, Hvare-Khshaeta yo ... (dices tu nombre),
mortal terreno, respetuosamente me inclino
ante ti para saludarte en este nuevo día
que se inicia con los mejores auspicios
para el planeta, para mi país, para mis amigos,
para mi familia y para mí mismo.

Después, ponte erguido y enfrentando al sol (no importa si tienes que cerrar los ojos porque la luz te lastima la vista), y agrega:

*Te ruego que vengas hacia mí y penetres en purificación
todos mis cuerpos, llenándolos de salud, fortaleza
y de tu Divina gracia. Dame tus dones de prosperidad,
abundancia, felicidad y éxito. ¡Así sea!*
(Concluye haciendo una venia de saludo.)

- *Khwarenah* es el que preside sobre la Divina gracia de la fortuna.
- *Maonghah* preside sobre la lengua. Las personas que tienen problemas para hablar fluido, ya sea porque son tartamudos o porque los nervios los paralizan, deben colocarse una pequeña piedra debajo de la lengua y repetir diez veces, sin tartamudear, el nombre sagrado de Maonghah. Si te equivocas, vuelve a comenzar. Antes de practicar este ejercicio, te recomiendo que hagas una meditación en la cual te veas relajado diciendo "Maonhghah" diez veces, sin equivocarte. Si tu problema no es la tartamudez sino el miedo escénico, tienes que visualizarte hablando fluidamente ante una multitud, mientras, detrás de ti, está Maonhghah dándote ánimos, impidiendo que los nervios te dominen, porque este ser los tiene dominados. En ambos casos, debo decirte que son problemas de índole psicológica que se curan completamente con un tratamiento de hipnosis, por ejemplo. Si lo haces con la ayuda de Maonhghah, puedes estar seguro del éxito total.
- *Manthra Spenta* representa al mundo sagrado. Su nombre quiere decir "Palabra Santa". Su mensaje para ti es: "Bendice a tu enemigo, porque te permite crecer espiritualmente".
- *Mitra*, de origen indo-iraní, es la personificación de la Luz. Fue adorado como un dios en los ritos prerromanos. Luego, los

romanos también lo adoraron hasta que la Iglesia Católica cambió su fiesta por la natividad del maestro Jesús.
- *Nairyosangha* es el ángel asociado con las Pléyades.
- *Parendi* es el ángel femenino de la abundancia o plenitud. Su origen es indo-iraní.
- *Paurwanya* es el ángel asociado con una constelación no identificada aún por los científicos de tu mundo.
- *Raman* es quien preside sobre la alegría y la felicidad. Puedes invocarlo de la siguiente manera: dices su nombre y sueltas una carcajada; repítelo tres veces. Igualmente, repites su nombre como si fuera la letra de una melodía "pegajosa", como dicen en tu mundo.
- *Rapithwin* es el ángel que preside sobre el período del día que transcurre entre el amanecer y el anochecer.
- *Rasanstat* es el ángel femenino que personifica la verdad. Él quiere explicarte que el karma no tiene nada personal contigo. Es experiencia. La reconciliación es lo que alivia el karma. Si tienes un problema con alguien, sintonízate con la capacidad de onda de ese ser y bendícelo muy sinceramente desde el fondo de tu corazón. Verás muy pronto el milagro de un gran cambio positivo en esa relación. Dile mentalmente: "Te perdono y me perdono. Te bendigo y me bendigo".
- *Rata* es el ángel femenino de origen indo-iraní que personifica la caridad.
- *Sarrosa*, su nombre literalmente quiere decir "el que escucha", es el que cuida del espíritu durante tres días después de su muerte física.
- *Tshtrya* es el ángel que preside sobre la estrella Sirio, y también dirige la lluvia. Es el mismo ángel que en el Antiguo Egipto trabajaba, y continúa trabajando, para que llueva en las cabe-

ceras del río Nilo y, así, llegue la crecida tan esperada anualmente, coincidiendo con la aparición de la estrella Sirio hacia el norte, en el amanecer.

- *Upa-paoiri* es el ángel femenino que preside sobre el atardecer. Su origen es indo-iraní.
- *Ushahin* es el ángel que preside desde la medianoche hasta que amanece.
- *Uzerin* preside desde las tres de la tarde, hasta que se oculta el sol.
- *Vayu* es el ángel que personifica el viento o la atmósfera.
- *Verethraghna* es el ángel de origen indo-iraní cuyo nombre quiere decir "Victoria".
- *Zamyat* es el ángel femenino que preside sobre la Tierra.

Capítulo 13

Los ángeles y los druidas

Los druidas eran los sacerdotes de los antiguos celtas. Dentro de esta cultura, los jefes de los sacerdotes druidas poseían los cargos más relevantes en cuanto a su influencia sobre el resto de la población. Los druidas de mayor rango desempeñaban, además, el papel de jueces en la mayoría de las querellas, y sus consejos y dictámenes eran muy apreciados y respetados por todos los estamentos sociales, incluso por el mismo rey.

Los druidas establecieron una teocracia, gobierno que ejercen los sacerdotes en nombre de Dios; han llegado a manejar en cierto momento de la historia las decisiones y actitudes de los mismos reyes. Se dividían en cinco categorías:

1. Vacíos: eran quienes se ocupaban de los sacrificios y ofrendas, y de interpretar los dogmas de la religión.
2. Sarónidos: eran los encargados de instruir a los jóvenes.
3. Bardos: eran los poetas, oradores y músicos.
4. Adivinos: se encargaban de hacer las predicciones.
5. Casuísticos: eran los responsables de la administración de la justicia.

Los druidas se reunían en las arboledas sagradas de robles. Constituían una asamblea anual en el Bosque de los Carnutos, ubicado al norte de Dublín, donde aún hasta hoy continúa existiendo el agrupamiento de robles más grande del mundo. Cuidaban del culto Divino, y ofrecían los sacrificios públicos y privados. Practicaban la adivinación por el vuelo de las aves y los movimientos convulsivos de los prisioneros, sacrificados con ese fin.

Indudablemente, el lugar más conocido por las generaciones posteriores es, y ha sido, Stonehenge, sitio que ha despertado mucha curiosidad entre los estudiosos de todos los tiempos. Más que templo, fue un reloj astrológico y astronómico. Servía para estudiar las estrellas y las estaciones. Desde allí, tal como lo hacían en el Antiguo Egipto, los sacerdotes informaban sobre la época apropiada para sembrar la tierra y también para iniciar las cosechas. Igualmente, allí funcionaba una escuela iniciática, lo que ustedes llaman hoy seminarios; o sea, el lugar donde se formaban los futuros sacerdotes druidas.

Desde Stonehenge parten líneas relacionadas con los campos magnéticos del planeta. Se hicieron allí grandes experimentos y acopios de reservorios de energía. Su intención era darle poder a la Tierra; revertir la energía para energetizar al planeta. Éste era un punto central escogido para poder insertar energía a la Tierra.

Los druidas lograron desarrollar un sistema de conocimiento de la personalidad basado en la relación entre la posición de las estrellas y la fecha de nacimiento. Además, conocían a la perfección los secretos del mundo vegetal y se inspiraban en la magia arbolaria estacional para crear un horóscopo que ayudaba al hombre a conocer su carácter.

- *Stonehenge es un monumento druida megalítico, con piedras de hasta cincuenta toneladas, no se conoce a ciencia cierta cómo fueron transportadas y acomodadas. Su construcción data de hace más de 4000 años. Edificarlo bien pudo haber llevado 1400 años, tal como se estima, excavando con herramientas hechas de cornamentas y huesos de animales. No se ha confirmado todavía la finalidad que tenía, pero es muy probable que se utilizara con fines religiosos y astronómicosos.*

Desde los druidas ha llegado hasta nuestros días la costumbre de tocar madera con los nudillos de la mano. Esto se hacía sobre madera para solicitar la atención del "geniecillo" o pequeño ángel que mora dentro de cada árbol, con la finalidad de que convirtiera en "cierto" lo que decía la persona que lo estaba llamando. Por ejemplo: una persona en una reunión alrededor de una mesa está hablando de que es muy probable conseguir un aumento de sueldo, y golpea la mesa con los nudillos para indicar que ojalá suceda. En realidad, la persona está llamando al genio de esa madera para que lo ayude y colabore en la concreción de esa materialización. (Te quiero aclarar algo: si golpeas desde la parte de abajo de la madera, hacia arriba, es más efectivo.)

Camael era su dios de la guerra. Sí, el mismo Camael que forma parte de los siete arcángeles que están siempre ante la presencia de Dios, o ante el Trono. Que no te extrañe, porque recuerda que el poder de ubicuidad en nosotros es tan grande como nuestra energía. Y los siete que están ante la Divina Presencia son los que en el ranking angélico tienen más energía, precisamente, para poder soportar la de Dios.

Los druidas creían en los ángeles como seres iguales a ellos, pero con la superioridad del mundo espiritual. Por ese motivo, su manera de comunicarse era directa. Lograron esa comunicación abierta por una necesidad de saber aún más sobre su propio ser. Para establecer la comunicación, formaban agrupaciones pequeñas donde todos tenían una misma petición. Se reunían en campos energéticos creados. Existía un lugar específico donde había una conexión, un tipo de templo de energía, una especie de círculo luminoso con una simbología específica. Ya te he mencionado anteriormente el bosque de robles. Igualmente, esos templos estaban en otros lugares montañosos cerca de un riachuelo.

Están las ruinas. Existe aún la energía. Sólo veo focos de Luz. En Europa, hacia la punta del ala, donde se abre (si se ve el planeta desde muy arriba), hay tres puntos de energía específicos. Tú puedes ayudarnos a ubicar el espacio físico. Uno en España, en línea recta; hacia la derecha, Italia e Inglaterra, aunque no eran los únicos. Se extendían en línea recta y se dispersaban hacia abajo.

Me informan más*. Son puntos energéticos. Es difícil definir el lugar exacto desde donde somos llamados. Respondemos, y en segundos, para ustedes en su tiempo terreno (o quizá menos), debemos asistir a muchos. Y para ubicarnos en lugares específicos nos cuesta bastante, por ejemplo el lugar donde mi energía es emanada en este instante terreno. Si en otro instante se me preguntara la ubicación, yo hablaría sólo de la energía que fue emanada para poder estar donde ahora me encuentro. ¿Me entiendes la explicación?★★

Seguramente, tienes curiosidad sobre los rituales que hacían los druidas para encontrarse con los ángeles. Los druidas hacían invocaciones específicas por medio de ciertos amuletos con propiedades energéticas perfectas. La base era la tierra: el barro; y ciertas figuras talladas en el mismo barro. Determinadas imágenes eran hechas en una perfección matemática: figuras geométricas, ciertos puntos y representaciones circulares tallados con la misma esencia con que fueron hechos estos amuletos o especie de amuletos. Los participantes en los rituales teñían su piel con tinturas azules en conmemoración a sus ancestros muy remotos. Por eso, al ver los dibujos con piel azul, algunos han creído que los celtas tenían la piel de ese color.

Yo, Israfel, te pregunto a ti: "¿Conoces el sol maya?". Es algo parecido, pero las imágenes eran diferentes. Los druidas nos llamaban a los ángeles mediante un rito con fuego, tierra y cantos.

¿Conoces lo que significa esa palabra con la cual fueron denominados? Los Die están pidiendo asistencia. Ellos eran los druidas para nosotros. Era Die para nosotros, pero es fusionado completo en un sólo sonido.

¿Por qué se perdió ese culto? Porque fueron perseguidos por la Iglesia Católica que fue implacable con quienes consideraba sus enemigos. Para la Iglesia, al menos en esa época, eran enemigos los que no profesaban su mismo credo.

Ciertas culturas, ya casi desaparecidas, grupos sectarios, utilizaban en gran medida lo que nosotros denominamos "el diamante". Es el centro energético. En este momento terreno hay dos grupos diamante que se denominan igual que los Die. En la actualidad, hay dos diamantes que nos llaman de la misma manera que los Die.

Se han corrido hacia el continente que está abajo, en el paso, donde hay mucha aridez de la tierra, cerca de un río muy grande que fluye muy fuertemente; donde desemboca el gran río con mucha fuerza de vida★★★. Por esos lugares se encuentra el llamado diamante. Los dos diamantes están cerca el uno del otro. Ellos tienen el conocimiento de los antiguos Die, druidas.

Notas de la autora:

★ *Cuando los seres de Luz (ángeles, maestros, guías, hermanos mayores, o simplemente enviados de la Luz) están canalizando, es decir, hablándonos, permanecen rodeados de sus congéneres y de sus supervisores o jefes, quienes en un momento dado pueden complementar la información, o prohibirles que sigan hablando sobre el tema que están explicando. Igualmente, cuando se hace alguna pregunta, ellos se toman unos segundos, o minutos, dependiendo de la pregunta, para ir a investigar. Si preguntas, por ejemplo, "¿cómo está mi sistema circulatorio?", se toman casi un minuto en recorrerlo para informarte detalladamente el estado en que lo han encontrado.*

★★ *Con esto, el ángel quiere decir que al leer el texto tú estás conectado con él; pero que si a él le preguntaran cómo se llama el lugar donde se encuentra conversando contigo, no sabría decirlo, porque no saben ubicarse geográficamente dentro del planeta ni con los nombres de las localidades. El ángel llega a ti, atraído por tu energía, sin importar dónde te encuentres.*

★★★ *Supongo que es en el delta del río Nilo, al norte de Egipto.*

INVOCACIÓN A DIOS PARA MEJORAR TODOS NUESTROS ASUNTOS

Dios es la única presencia y el único poder.
El poder sanador de Dios está fluyendo sobre mí (nosotros).
¡Sanándome! ¡Fortaleciéndome! ¡Reestructurándome!

*Igualmente sé, y siento que el poder de Dios y su misericordia infinita
están fluyendo en rayos cósmicos hacia mí.
Estos rayos penetran las células de mi cuerpo,
fortaleciéndome, penetran las neuronas de mi mente
equilibrándolas.
Cuerpo y mente unidos reciben tremenda carga de energía
física, psíquica y espiritual, y esta acción
produce en mí una gran paz, un deseo de ser cada día mejor persona,
más alegre, más optimista, más tolerante y más humanitario.*

EJERCICIO DE SANACIÓN ESPIRITUAL

Al mismo tiempo que inhalas, visualiza toda la energía del Cosmos penetrando en ti. Luego, dirige esta energía hacia el órgano o parte que tienes discordante, o donde tienes dolor. Mientras visualizas esta parte, inhalas y retienes la respiración, al mismo tiempo que irradias el lugar que quieres sanar; y cuando exhalas, visualizas que alejas de ti todos los malestares, todas las enfermedades (repítelo tres veces).

Haz nuevamente el ejercicio sanando a la distancia a familiares y amigos (también pueden ser animales).

Finalmente, al unísono, extiende tus brazos con las palmas abiertas hacia delante y proyectas sanación al medio ambiente que te rodea y luego a todo el planeta Tierra. Amén.

Capítulo 14

Los aztecas y su mundo espiritual

Originalmente, los aztecas o mexicas eran una de las tribus nahuas. Cuando llegaron al valle de México, trajeron sus propios dioses. El más importante fue Huitzilopochtli, cuyo nombre puede traducirse literalmente como "colibrí izquierdo", "colibrí zurdo" o "colibrí del sur", aunque hay quien dice que su traducción es "el alma del guerrero que viene del Paraíso".

Huitzilopochtli es el mismo arcángel Miguel, a quien los aztecas dieron este nombre propio de su lenguaje. Comprendieron que poseía los mismos atributos que todos nosotros conocemos y reconocemos en el poderosísimo arcángel Miguel. Yo, Israfel, digo a ti que "todos nosotros conocemos y reconocemos" porque nosotros, los ángeles, al igual que ustedes, terrenos, conocemos y reconocemos el gran poder y la gloria que tiene el arcángel más poderoso de todos: Miguel.

Desde los tiempos de los aztecas anteriores a Cortés (español que conquistó México), cuando los habitantes del valle de México querían mejorar sus asuntos o alivianar su ambiente, en la mañana, echaban hojas de plantas aromáticas, como hierba buena, ruda y manzanilla, en un recipiente con agua fresca, y las dejaban en esa agua durante todo el día. En la noche, antes de acostarse, después de un buen baño, se echaban encima esa agua y no se secaban, sino que permitían que se secara sobre su cuerpo a la intemperie.

Si haces lo mismo, además de tener un sueño de completo descanso y recuperación, al amanecer, te sentirás muy bien y verás cómo tus asuntos mejoran día tras día. Puedes tomarlo como una costumbre de todas las noches antes de acostarte.

Al llegar los mexicas al valle de México, o valle del Anáhuac, trataron de incorporar la cultura y los dioses de las civilizaciones más avanzadas que ya estaban establecidas, así como los de civilizaciones anteriores, como la Tolteca, entonces sumaron a su panteón de dioses a Tláloc, Tezcatlipoca y a Quetzalcóatl. Este último es también otra representación del arcángel Miguel, mientras Tláloc es el mismísimo arcángel Rafael.

A propósito de estar mencionando al arcángel Rafael en la investidura de Tláloc (o advocaciones como dice la Iglesia Católica que nos permite ver una importante cantidad de representaciones distintas en la madre del maestro Jesús, en el mismo Jesús, paseándonos por su infancia, como el Niño Jesús de Atocha, el de Praga, etc.), tiene preparado un mensaje para aquellos que se dejan arrastrar hacia la depresión. Dice que la depresión se debe a que no hay aceptación de las cosas. No es depresión. Es no-aceptación. Es querer vivir otro mundo, otro tipo de vida. Es dejarse llevar por nimiedades, para nosotros los ángeles. Esas nimiedades son alimento para el espíritu. Muchos seres no saben o ni siquiera han escuchado, en ningún momento, el silencio.

"¡Eso es verdad!", digo yo, tu ángel Israfel, "que estoy viendo la corrida desde la barrera". A continuación, sugerencias muy buenas para vencer la depresión otorgadas por el arcángel Rafael en su advocación como Tláloc.

EJERCICIO CONTRA LA DEPRESIÓN

Siéntate en calma y sin prisa observa la brisa que pasa por las hojas de los árboles. Es excelente ejercicio para lograr armonizarse. También observa cómo se mueven las ramas y déjate llevar por ese ritmo. Igualmente, puedes sentarte a ver y oír el ruido de una cascada de agua, o las olas del mar en su vaivén.

Los aztecas se comunicaban con seres superiores: los dioses. Para ellos, los dioses eran energías canalizadas hacia una creencia, entre estas estos dioses había arcángeles tan poderosos e importantes como Rafael, Miguel y Gabriel; Miguel era el más poderoso.

Ésta es una oración que aunque es tomada del Rigveda, también la dijeron los aztecas, pero no quedó escrita en ninguno de los documentos que aún perduran. En realidad, han quedado muy pocos que fueron escritos en la corteza vegetal que cubre las plantas de plátano; ése era el papel que usaban los indígenas americanos. Los sacerdotes católicos destruyeron todos los que encontraron, adujeron que eran ritos satánicos.

La siguiente oración es especial para decirla antes de dar comienzo a una reunión, para que la cordura, la sensatez y el amor reinen mientras dure la tertulia, procediendo del corazón de todos los presentes. También la pueden recitar con frecuencia las parejas para que impere en ellas la armonía, y con mayor razón la familia, en especial si la recitan unidos.

Reunidos hablemos en armonía.
Permite, oh Dios de amor y de paz, que nuestras mentes se unan acordes.
Que nuestra oración sea una.
Nuestra asamblea, una,
y una nuestra mente, unidos nuestros pensamientos.
Dirígenos en nuestro propósito común.
Te adoramos con nuestra común oblación.

Capítulo 15

¿Tenemos un código espiritual personal?

Ya has hecho todos tus rituales para establecer la comunicación conmigo, ahora, mientras lees, visualiza que me haces estas preguntas:

—*¿En el momento actual hay muchos libros que son canalizados, como éste, por ejemplo?*

—Lo que no sabemos es hasta qué punto, toda la información que hay allí es verdadera y si la dieron auténticos seres de Luz, y no los del polo opuesto. También hay que ver que esté diciendo la verdad quien haya escrito el libro. Igualmente, puede suceder que el escritor haya puesto parte de su fantasía.

Se utilizan codificaciones. Cada ser espiritual que viene, llega al canal que está dentro de su código. Este canal tiene un código específico★ (vamos a decirlo como ustedes: para canalizar a seres con el mismo código de acceso). Cada vez que un ser canaliza, sincronizamos la información que tenemos sólo respondiendo lo que está dentro de la banda de energía correspondiente a su mismo código. Es según el código de acceso. El código está relacionado con la energía propia de cada canal. Tú, que me estás leyendo, tienes un nivel, tienes tu propio código. Yo sé que me vas a hacer la siguiente pregunta:

—*¿De acuerdo con el nivel de evolución que tiene cada persona, es su código?*

—A veces. Hay momentos particulares; hay seres que pueden utilizar varios códigos, según la información que necesiten. Hay canales que pueden utilizar diferentes tipos de información en varios niveles, pero ésta no es profunda. Sólo se les da una muestra de la revelación a aquellos que no saben utilizar la información. Esto depende de la preparación y evolución de cada canal.

*Nosotros somos de ustedes
y ustedes nos ayudan a ser mejores,
para que ustedes, cuando partan a la verdadera vida,
también tengan verdades.*

Nota de la autora

★ El ángel se refiere a la persona que estuvo canalizando, recibiendo la información para este libro.

Capítulo 16

Apertura del Tercer Ojo

En este capítulo yo, Israfel, tu ángel amigo (aunque debo reconocer que todos los ángeles son tus amigos, pero para identificarme diremos que soy tu ángel "amiguito más amigo"), voy a hablarte de algo que produce mucha curiosidad e interés entre los terrenos. Muchos, después de que leyeron a Lobsang Rampa en su libro *El Tercer Ojo*, creen que abrir el Tercer Ojo es algo traumático, ya que él dice que le trepanaron el cráneo, para abrirle el Tercer Ojo, en la zona de la frente, en el entrecejo, un poco más arriba que el inicio de las cejas. En realidad, yo, Israfel, digo a ti que para abrirlo no necesitas llegar a esos extremos.

El Tercer Ojo tiene que ver con todo tipo de comunicación en el astral; completamente todo el astral, dependiendo de la evolución del espíritu del ser que esté encarnado.

A fin de que tú, mi amiguito, comprendas mejor esta respuesta, hago esta aclaración: cuando se desarrolla el Tercer Ojo, la persona va al astral, dependiendo de su evolución. Ésta es la razón por la cual quienes consumen drogas alucinógenas hacen una apertura muy rápida del Tercer Ojo y van abruptamente al astral inferior. Por eso narran esas espeluznantes visiones con seres horrendos. Porque a través de este chakra, han ido a los mundos del bajo astral. En cambio, abriéndolo desde el punto de vista espiritual y con la ayuda nuestra, la de los ángeles, podemos aperturar la comunicación con el mundo espiritual superior de Luz.

MEDITACIÓN PARA ABRIR EL TERCER OJO

Inicia tu meditación en la forma normal, y pon como intención abrir tu Tercer Ojo. Visualiza una luz amarilla escarchada que viene desde arriba y entra en tu Tercer Ojo. Siéntela vivamente, percibe que esa zona tiene más calor que la circundante. Luego, visualiza y date cuenta de que esta luz que penetró por tu Tercer Ojo entra en todo tu cuerpo y comienza a activar y a limpiar cada chakra.

Ahora, luego de limpiarlo, el chakra empieza a alumbrar como una lámpara refulgente. Entonces, sale esa energía amarilla escarchada por allí mismo. Después, debes ir al chakra de la Corona y repetir, allí, el mismo proceso. Cuando lo hayas finalizado, ve al chakra de la garganta y, desde ahí, continúa con el resto de los chakras, viendo que por cada uno de ellos entra y sale la energía amarilla escarchada.

Recorridos todos los chakras que están a lo largo de la columna vertebral, sitúa la energía nuevamente en el Tercer Ojo, y visualiza que desde allí parte la Luz que, a la vez, es un camino que te conduce hasta una puerta muy grande y antigua. Ésa es la puerta que da entrada al mundo astral superior. Tú la ves claramente. Ante ella, solicitas que la abran y te den permiso para entrar.

En el mundo astral superior encontrarás muchas respuestas y enseñanzas. No te puedo decir cuáles porque no sé qué vas a encontrar en cada viaje que realices. Mientras estés allí, sentirás que está vibrando el Tercer Ojo. Posiblemente, no tendrás conciencia del aquí y del ahora. Regresa por la misma puerta; ciérrala y da las gracias.

DESACOSTÚMBRATE AL DOLOR

Debes aprender a desacostumbrarte al dolor. La mayoría de los humanos terrenos están acostumbrados a él, a la mediocridad, al sufrimiento, al fracaso, a la palabra imposible.

Ahora, ya estoy escuchando tu pregunta...

—¿Qué debemos hacer los humanos para desacostumbrarnos al dolor, para que no sea el patrón obligado en todo lo que nos sucede, si tú mismo dices que evolucionamos a través de él?

—Se aprende a través del dolor. Se hace más profunda la sabiduría en el espíritu. El cuerpo se acostumbra a los distintos niveles de dolor y no los siente después como dolor físico. Algo parecido sucede con los dolores que traen las distintas situaciones o encrucijadas de la vida terrena.

Escucho tu siguiente pregunta...

—¿Qué debemos hacer nosotros para desacostumbrarnos a que todas las cosas sean con dolor, con trabajo, con sufrimiento?

—No sería dolor. Físicamente hablando, sí es dolor, pero en los niveles espirituales no es dolor. Es como guiar un vehículo: necesita gasolina para andar. La gasolina es el dolor. Ustedes tienen sufrimiento porque actúan con miedo al dolor. Y eso les produce más dolor. Y se sufre cada vez por el temor al dolor, más que por el dolor en sí. Están tan acostumbrados al dolor que buscan el dolor físico. Es algo mental, no es producido por nada externo. Es su mente la que lo hace. Hay personas que se acostumbran a tener enfermedades y producen el dolor en sus cuerpos y lo padecen completamente. Pero no es el dolor de la enfermedad, es el dolor del cuerpo físico y de su mente acostumbrada a sufrir. Para soltar el sufrimiento, yo, Israfel, digo a ti: dejarlo ir, simplemente. No te apegues al sufrimiento, porque el sufrimiento es algo mental. Es tu conciencia y tus recuerdos los que lo hacen vivir en ese tiempo solamente.

Si tienes sufrimiento, debes expresarlo para, así, diluirlo.
Por eso hay tantas limitaciones del ser.

Voy a responderte ahora una pregunta que nos hacen y que se hacen a sí mismos, ustedes, frecuentemente:

—Si nosotros (los humanos) somos una emanación de Dios, ¿por qué Dios se puso a emanar energías de Él, para que sufriéramos?

—No es el sufrir; es el aprender. Todos somos emanaciones de Dios porque somos energía (tanto nosotros, los ángeles, como ustedes, los terrenos), pero en evolución. Los humanos no son energía perfecta. Quiero que quede bien claro que no fue Dios quien los ha puesto a sufrir, sino cada uno de ustedes. Ustedes son quienes escogen sufrir, depende del grado de atracción que ejerzan hacia el sufrimiento.

Cada ser humano debe vivir sus propias experiencias, por más dolorosas que sean. Después del dolor y de las lágrimas, llega el sosiego y la esperanza. Sólo hay que tener paciencia y estar presto a cualquier información. Ustedes, los humanos terrenos, se cierran ante cualquier información cuando hay dolor. Piensan que siempre se los agrede y no es así. No es necesario colocar la mano para acariciar la cabeza de quien sufre, a fin de que comprenda nuestra solidaridad con esa persona y el dolor que siente. A veces, la Providencia se vale de algunos mecanismos para enseñar a vivir, realmente, la verdadera vida; el verdadero camino.

Es el polo opuesto el que se interpone en la realización, la exacta y la verdadera. Por eso, se les solicita tener paciencia. Hay que ser mejores cada día. Y ser mejor implica dolor para poder aprender. Es como el nacimiento de un pequeño. Al que no llora, se le dan nalgadas para hacerlo llorar. Y al llorar, permite que la vida entre en su cuerpo físico; su instinto aflora y es más perceptivo ante cualquier situación; debe sufrir para aprender. No porque sea esto una ley, sino porque ustedes, los humanos terrestres, se han acostumbrado a eso.

—¿Por lo que dices acerca del sufrimiento es que algunas religiones inventaron el cuento de Adán y Eva, en el que ella tiene que parir con dolor y él ganarse su sustento con el sudor de su frente?

—Es un decir... Sólo un decir. No es una ley.

—¿Es cierto que hay existencias que se llaman "vidas de descanso", o sea que nos dan de vez en cuando una vida donde no vamos a sufrir tanto?

—Cuando se está en preparación total y completa, sería de esa manera; pero nada más.

—*Entonces, esas personas que aparentemente se ve que todo se les da tan fácil, ¿podrían estar en una vida de descanso?*

—Podría ser; aunque no necesariamente lo es.

—*¿Quién tuvo la idea de la Creación?*

—La Creación fue perfecta.

—*¿Y por qué una cosa perfecta puede terminar en algo imperfecto?*

—No es imperfecto. Es ciego, que es diferente.

—*¿Tú no crees que todo lo que está sucediendo en el planeta Tierra ahora es horroroso?*

—Pero no sucede por culpa del Altísimo.

—*Yo sé que no es por culpa del Altísimo, pero echó a rodar una piedra, y la piedra está causando desastres...*

—Es por culpa del mal, del polo opuesto a Dios, que se ha propuesto sabotear la Creación de Dios y su obra por excelencia: el ser humano.

Capítulo 17

Las meditaciones

Si dejas de leer al finalizar un capítulo y cuando reinicias tu lectura lo haces empezando en un capítulo nuevo, tal como se te aconsejó al inicio de este libro, entonces vas bien. Porque al empezar, haces tu meditación, que fue explicada en las primeras páginas, y te entonas con mi energía. Eso hará que disfrutes más de este libro, que comprendas mejor lo que aquí te decimos y que puedas alcanzar niveles de conciencia más elevados; así como incrementar tu evolución espiritual. Esto no quiere decir que en una sola vez puedas leer varios capítulos, porque la energía que te envuelve desde el primero que comenzaste a leer en ese momento, continuará arropándote hasta que dejes de leer. Es para cada vez que retomes el libro que te aconsejo la meditación.

Vamos a hablar ahora, ya que estamos tocando el tema de la elevación de la conciencia, sobre los alimentos. Cuando vayas a meditar, tendrás un nivel más elevado de conciencia acorde con lo poco que hayas ingerido en cuanto a alimentos se refiere. La fórmula ideal es estar en ayunas. Por eso, entre otras cosas, se recomienda meditar en la madrugada, porque así tienes el estómago vacío por las horas que llevas de ayuno mientras duermes. El cuerpo está más cansado y, a la vez, descansado, por todas las energías que tuvo que utilizar por estar en movimiento durante el día físico que pasó. Entra en descanso el cuerpo. El cuerpo estará más liviano.

Vamos a suponer que me preguntas...

—*¿Qué comidas influyen para que el cuerpo se ponga más pesado y, por lo tanto, se torne más difícil la elevación de conciencia?*

—Las carnes en general, y la sangre en particular.

—¿Por qué hay ambivalencia en eso que ustedes dicen, por una parte, que debemos comer proteína animal, porque de lo contrario se nos baja la energía, también dicen, por otra parte, que no debemos comerlas antes de buscar estados elevados de conciencia?

—Recuerda que todo exceso hace daño. Debes saber lo que tienes que ingerir.

—Para obtener mejores comunicaciones en la noche o en la madrugada, ¿la cena debe ser liviana?

—Sí, sobre todo ingerir frutas y jugos naturales; y algunas semillas, en especial nueces.

—¿Es cierto que al masticar hojas de laurel se logra con mayor facilidad estados superiores de conciencia?

—Puedes masticar pétalos de rosa, o masticar lo que quieras. Todo depende de tu predisposición a las cosas. Si crees que para meditar puedes comer tierra, cada vez que tengas tierra en la boca, meditarás. También puedes decirle a muchos seres terrenos que pueden meditar con espinas en las manos y olvidarse del dolor, y si ellos lo creen, entrarán en conciencia superior muy rápido, y muchos lo lograrán porque se habrán sugestionado. Con esto te estoy indicando que todo depende de que te convenzas, te sugestiones.

—En algunos ejercicios rosacruces e hindúes, para lograr estados de conciencia muy altos, exigen evitar el sexo y hasta no dormir con otra persona en el mismo dormitorio para no contaminarse. Claro está que esto es por un período previo a esa gran experiencia, tiempo que no excede un mes. ¿Es cierto? ¿Esa privación ayuda?

—Muchísimo. Estás más en conciencia con tu propio ser. Hemos hablado sobre sexo. Sobre la energía que se malgasta. La palabra "contaminar" es muy fuerte; podríamos decir que no es conveniente unir tus energías con las del otro ser, porque las energías llegan a fusionarse en un momento y esto conduce a que no uses tu propia energía. A veces puedes, sin darte cuenta, utilizar la energía del otro.

PROYECCIÓN AL ASTRAL

Yo, arcángel Israfel, voy a enseñarte a ti cómo proyectarte hacia nosotros... Debes soltar todo lo que tienes en la mano. Comprendo que me vas a decir que no puedes hacer el ejercicio si no lees. Te sugiero: lee primero todo este ejercicio y, luego, grábalo. Una vez que lo hayas grabado, vuelve a hacer la meditación inicial en la que te conectas con mi presencia: Israfel, y te imaginas que soy yo quien habla a través del grabador.

Relájate bien y recuerda que nunca debes estar en posición hacia el oeste; que tu pecho jamás esté frente al oeste. Debes enfrentar al norte o al sur. Por el este sería muy bueno, pero vas a recibir influencia que para esta ocasión no deberías, porque actuaría tu maestro directamente. En cuanto a que no debes tener nada en la mano, es para que estés bien relajado.

Si te colocas en la posición en que tu pecho y tu Tercer Ojo estén orientados hacia el oeste, puedes recibir emanaciones de seres negativos; colócalos hacia el este. Hacia el norte, comenzarías a recibir enseñanza o respuesta. Hacia el sur, serías imparcial, y trabajarías con tu propia esencia.

Debes relajarte totalmente desde tus pies hasta la corona de tu cabeza. Y debes dejar despierto, en el proceso de dormir tu cuerpo, el chakra del Corazón, el cual debe estar abierto recibiendo energía. Vamos a colocar a Gabriel, que es energía blanca, pero en un tono plata. Debes entrar esa energía, imagina que está Gabriel al frente, que de su pecho irradia toda esa energía blanca plateada que llega a tu pecho y entra. Por eso, tu pecho debe estar despierto, abierto y algo frío, aunque no helado. Tu Tercer Ojo será abierto por esa energía que entra en ti. Imagina..., sólo imagina (porque continúas con los ojos cerrados), que abres tus ojos en tu frente, en tu entrecejo. Y esa energía fluye de ti, pero contigo. Me explico: sale con tu esencia. Y será tu esencia la que proyectes hacia fuera. Debes sentir que el chakra de la Corona está abierto y circulando. Por él, entrará una energía de color azul-morado (índigo) que va a nutrir todo tu cuerpo y que lo va a mantener protegido, porque esa energía de Luz azul-morada es la que irradiarás por cada uno de tus poros. Después de irradiar, vas a hacer una esfera de Luz azul y harás que circule dentro de ti, vas a sentirte como un átomo azul. Y comenzarás a visualizarte como energía color plata que emana de tu Tercer Ojo. Es como si te vaciaras a ti mismo por el Tercer Ojo. ¿Entiendes?

Sal de ti mismo y proyéctate hacia una especie de muro que va a estar en frente de ti. El muro va a tomar toda esa esencia y va a traspasarla. El muro te va a ayudar a traspasarlo con toda tu esencia... Y tomarás una especie de tren que te llevará hacia alguna parte.

Debes solicitar a qué parte quieres ir, a dónde quieres ir y con quién quieres comunicarte. Debes ser específico cuando vayas a utilizar a algún ser que estuvo encarnado, por ejemplo, tus padres o alguno de ellos si ya ha pasado de plano, o un abuelo, o cualquier pariente o amigo que haya trascendido esta vida terrena; pero debes puntualizarlo antes de la relajación porque, en ese caso, en vez del color azul-morado, debes usar el morado-amarillo. Siempre será ese núcleo de energía de ese color y debes proyectarte como tal.

Proyectarte es salir de ti mismo por tu Tercer Ojo. Vas a sentir como si volaras en momentos; si estás logrando hacerlo bien, sentirás que vuelas, que te desprendes. Que eres un átomo más de energía del universo. Y, así, podrás viajar donde quieras, o ir con quien quieras. Sólo para bien o para un aprendizaje perfecto.

Si quieres olvidar algo en tu vida terrena o algo de vidas anteriores terrenas, o de otro mundo, no debes proyectarte con Luz blanca-plata, sino con Luz roja, casi morada. Tus guías, al ver la Luz que proyectas, se darán cuenta de lo que quieres. También dilo o solicítalo con palabras.

Donde llegues habrá puertas cerradas. No te asustes. Debes abrir la puerta. No sientas miedo en el momento de despegar. Es como estar en una montaña rusa y caer, por momentos. Siente ese vacío. Ése es el desprendimiento de tu esencia. Pero estarás despierto en tu cuerpo para muchos. El que vea en ti la posición, pensará que estás despierto. Podrás hacerlo también con los ojos abiertos, como si fuera un viaje mental, pero debes tener cuidado con lo que tengas al frente. No puede haber espejos ni nada que proyecte tu imagen hacia ti mismo, es decir, que sea reflejo tuyo. Tampoco nadie puede, en ningún momento, pasar frente a ti. No debes visualizar nada; sólo paredes o colores. Si lo haces con los ojos abiertos, debes estar al frente de una pared vacía. En el caso de que haya espejos en esa pared o en el cuarto donde haces este ejercicio, puedes taparlos con papeles o con telas.

El regreso será el reconocimiento de tu propio ser. Es decirte a ti mismo: "Debo regresar ahora", pero no antes de que te lo indiquen. Siempre habrá alguien que te diga: "Debo regresar". Aunque debes tener conciencia de regresar en un tiempo específico. Al decirte a ti mismo que debes regresar, el regreso será inmediato. Llegarás a tu mundo donde reencontrarás a tu ser; a tu cuerpo físico. Y solicitarás siempre regresar con el aprendizaje intacto y perfecto, sin que haya confusión en terminologías, porque nuestras terminologías no son iguales a las suyas.

Este ejercicio ya está terminado. Es posible que tengas éxito en el primer intento. Pero si no lo logras en el primero, es porque te faltó fe y concentración. Sigue e intenta hasta que lo logres. Te sentirás muy feliz contigo mismo por la hermosa experiencia que habrás logrado.

Aunque creo que ya no es necesario decirlo, sin embargo, insisto: debes protegerte siempre antes de hacer cualquier ejercicio espiritual, y con mayor razón en éste. Protege también el lugar de la meditación y su alrededor.

Aclaración de la autora:

A las personas que vayan a hacer este ejercicio, les recomiendo que se protejan muy bien. En este libro he escrito algunas protecciones que son muy efectivas. En todo caso, pueden pedir a los arcángeles Rafael, Miguel y Gabriel (a los tres juntos) que los protejan mientras realizan este ejercicio. Debemos recordar lo que dicen los maestros: "Todas las protecciones no son suficientes". Por ese motivo, no debemos esperar a entrar en meditación para protegernos. Debemos hacerlo constantemente, cada vez que nos acordemos. Si el lector va a hacer esta meditación, le sugiero que primero se proteja y luego se descargue, como está descrito en el Capítulo 9, en la parte titulada "Descargarse de energía negativa".

Ésta es otra curiosidad que ustedes tienen: la diferencia que hay entre las energías que se sienten en el lado derecho, en el izquierdo y en la columna vertebral. Si sientes en la columna vertebral, es energía que alimenta; ésa es la energía que debe sentir todo ser que medita. Si está sentado sobre la tierra es aún mejor, porque limpia y alimenta. Me refiero a que tenga los zapatos sin aislante, sobre piso sin aislante; o sea que sus zapatos no tengan suela de goma y que no haya alfombras, o que simplemente esté descalzo.

No serían energías completas las que se sienten de uno u otro lado, sea el derecho o el izquierdo. Hay muchas creencias en tu mundo. No tiene que ver si es positivo o negativo el ser que ha logrado entrar en tu velo; llamo "velo" a tu campo energético o vital, ya descrito anteriormente. Esas energías, para culminar esta explicación, son energías que están en el ambiente donde se encuentra la persona que las siente.

El velo es como la cortina que nos separa en los mundos. No solamente está nuestro plano inmaterial; hay planos energéticos que también son inmateriales, pero existen como algo diferente al ser espiritual. El velo es lograr elevar la conciencia a un mundo espiritual y que reconozcas, primero, quién eres. Existen seres en tu mundo que no se han reconocido y han roto el velo, y ven al otro mundo, el extrasensorial. Pero lo ven porque su espíritu está despierto, no por su cuerpo físico. Éste estaría trabajando diferente a su espíritu, y su espíritu, al saber que ese cuerpo no va a funcionar como debería, por esas formas de criar al ser que ustedes tienen en su mundo, por la información que se suministra a cada ser desde su comienzo, que logra desviar las mentes, pero el espíritu ha encarnado despierto, porque fue su solicitud. Comienzan, entonces, a ver nuestro mundo desde la óptica de su mundo material.

Hay personas que se han vuelto locas en tu mundo, porque no se explican lo que sucede, porque ven otras cosas que no existen para su realidad. Serían ficciones para su mundo material. Sería un mundo de ficción, pero ese mundo sí existe para su espíritu. Ese ser ha roto el velo y ha visto aún más allá, sin explicarse. Hay otros que han logrado evolucionar en cuerpo y espíritu, y logran romper el velo y ver todo lo que está fuera de sí, y logran comunicarse y hablar abiertamente con nosotros. El velo es la tela invisible que no deja ver el otro mundo, desde el mundo material.

ÁNGEL DE LA PAZ

Yo, tu arcángel amigo Israfel, te comunico a ti que hay a mi lado un ser angélico que desea manifestarse. Se identifica como Ángel de la Paz. Él quiere que tú escuches sus propias palabras: "Yo purifico y limpio tu país. Estoy en el coro de los Potestades, pero me llaman Angelius. Éste es el nombre de todos los Potestades. Quiero que sepas que hay un *deva* o ángel que guía a todos los animales, en su instinto. Podríamos decir que también a las plantas, porque ellas son elementales. Un ángel les proporciona energía, junto con la solar y la lunar. Estas energías son átomos muy elementales que se fusionan con el fin de darle vida a las plantas para que sirvan de alimento para ustedes".

—*Según la* Biblia, *lo primero que Dios creó fueron los ángeles, de los cuales se valió para que lo ayudaran en su labor creadora. Pero ustedes me han dicho que* los ángeles evolucionan y que incluso un ser humano, a través de mucha evolución, puede hasta llegar a convertirse en ángel. Mi pregunta es: ¿cómo fue ese proceso creativo?

—Ustedes hablan mucho de quién fue primero: el huevo o la gallina. ¿Sabes cómo funciona la electricidad?

—*Con transformadores y cables.*
—¿Sabes cómo hacen chispas?

—*Hacen chispas cuando se unen los dos polos opuestos.*
—Eso fue lo que pasó. Sería algo así como que la alta potencia hizo el chispazo inicial. Y si vieras cómo se difumina esa energía inicial, entenderías cómo se creó todo. En el chispazo, la emanación primera crea mayor energía y va soltando chispas de menor energía cada vez, hasta que la energía desaparece. Todos, desde el Maestro Superior Ascendido, los Arcanos, los arcángeles, y todos los demás hemos sido creados a partir de esos diferentes niveles de energía que se fueron separando uno de otro. Así se creó la unidad que estaría compuesta por cada uno de nosotros y de ustedes, y cada una de las criaturas de la Creación. Todas estas unidades se van a un núcleo central que sería nuestro mayor Maestro.

Éste sería el Innombrable. Y después comienzan a desprenderse de sí niveles de menor energía, lo que correspondería al primer átomo de electricidad antes mencionado. Son átomos de energía fusionada hasta llegar al humano que sería elemental y energía. Los mecanismos que crean los elementos físicos se fusionan y hacen una creación de la cual resulta la parte material.

El chispazo de esa energía sería su espíritu en evolución, porque hay menor cantidad de energía concentrada en el aprendizaje para que esa energía crezca hasta fusionarse, al final, con su Creación; con su Creador.

—*Entonces, ¿sí es cierto que un ser humano puede llegar a evolucionar hasta convertirse en un ángel?*
—Deben pasar muchos, muchos ciclos para alcanzarlo.

—Me imagino que para lograrlo tendrán que pasarse todas las encarnaciones que pueda haber.

—Y hay muchos que las pierden todas. Esa energía se disuelve, llega a la nada.

—¿Quién, un ser humano o un ángel?

—La energía del espíritu. Hay espíritus que no llegan nunca a evolucionar, ni en el bien, ni en el mal; ni en el polo positivo, ni en el negativo. Se dispersan sus átomos y quedan sin existencia en ningún plano. No alcanzan la eternidad.

Quiero ahora, hacerte yo, tu amigo Israfel, un obsequio. Hablarte de un ángel con un nombre muy cantarino. Penpalabín es un ángel que ayuda a encontrar los tesoros escondidos. Te doy escrito en el pentagrama la manera correcta de invocarlo. También puedes encontrar los que hay dentro de tu ser. Asimismo, puedes utilizarlo como magia para despertar a los seres dormidos. Seres dormidos ante la vida, ante cualquier cosa, cualquier detalle en especial. Hasta seres astrales bajos que están dormidos.

Capítulo 18

Los guías

En este capítulo continúo respondiendo a tus interrogantes sobre el Reino Angelical. Seguimos con la modalidad de poner tus preguntas en letra cursiva y mis respuestas en letra normal.

—*¿Un ángel puede ser guía?*
—Sí. Puede ser protector, guía y maestro.

—*¿Las tres cosas a la vez?*
—Puede ser solamente una o dos. Simplemente ángel, o ángel guía o ángel maestro.

—*¿Puede haber guías que no sean ángeles?*
—Son espíritus en evolución que están prestando ese servicio, ya sea como guías o como maestros.

—*¿Qué diferencia hay entre ángel, guía y maestro?*
—Los niveles de aprendizaje. Y también los de la enseñanza que le corresponda dar a cada uno.

—*¿Tenemos siempre el mismo guía y el mismo maestro?*
—No, tanto el guía como el maestro cambian a lo largo de tu vida, dependiendo de tu evolución. Es igual que el sistema de enseñanza oficial, en la mayoría de los países de tu planeta. Hay maestros que se especializan en preescolar y dan enseñanza solamente a los niños que están en ese nivel. Hay maestros que se especializan en dar cursos de posgrado en las universidades y solamente podrán dar enseñanza a quienes estén capacitados para recibirla. Así, a medida que un ser humano va ascendiendo en la escala de aprendizaje, se le asigna un maestro de acuerdo

con la nueva enseñanza que debe recibir porque está apto para ello. Igual es en el mundo espiritual. De pronto, te llega un nuevo maestro..., aunque el guía sí puede estar más tiempo contigo o quedarse toda una encarnación junto a ti, porque él no te está dando enseñanza.

—*¿El ángel de la guarda es el guía o el maestro?*

—El ángel de la guarda es solamente eso: el ángel de tu compañía. Los ángeles guías y ángeles maestros son otros seres que estarán contigo además de tu ángel de la guarda. En cuanto a los guías, recuerda que éstos y los maestros pueden también ser seres que no pertenecen al Reino Angelical.

—*¿Puede un ser humano ser guía o maestro?*

—Un ser humano, aún sin haber desencarnado, puede ser guía de otro ser humano, ya sea en esta dimensión o en otra.

—*¿Lo hace conscientemente?*

—No, lo hace inconscientemente. Incluso estando en estado de vigilia, puede desdoblarse o puede estar actuando su doble que vive en el mundo paralelo.

Capítulo 19

La magia de las campanas

Somos como las campanas que vibran. Todo ser crea sus propias vibraciones; si no son completamente armónicas, no nos alcanzan a nosotros. Siempre tus vibraciones llegan a seres que están vibrando a tu mismo ritmo, esto es, a tu mismo nivel de onda.
Por eso es muy importante que estés siempre cuidadoso de la energía o vibración que estás emitiendo.
(Zocatiel, ángel guía.)

Nota de la autora:

Cuando recién comenzamos a hacer las canalizaciones para este libro, le dije en repetidas ocasiones a los ángeles que me encantaría sentir su presencia permanentemente llenando mi casa. La respuesta obtenida fue la misma: aquí estamos, te estamos acompañando, constantemente te estamos visitando, siempre estamos en tu casa. Pero yo seguí insistiendo en que no era suficiente que estuvieran conmigo. Yo deseaba percatarme. En cierta ocasión, hablando de querer percibir la presencia de los ángeles sin necesidad de estar en meditación, surgió la charla que reproduzco a continuación con el ángel maestro.

—Utiliza el eco. Proyéctate en espacio y sonido hacia nosotros. Utiliza el sonido y pon mucha atención en de dónde regresa —él me dijo.

—¿Qué sonido utilizo para proyectarme en espacio y sonido hacia ustedes? —le pregunté.

—Puedes utilizar sonido gutural —me respondió; e hizo dos.

—Pero en proyección —agregó luego.

—¿Qué entiendes por proyección?

—Proyectar el sonido hacia fuera, o sea, darle mayor sonoridad, como si estuvieras abriendo unos chakras. Vas a sentir la vibración; si es de tu voz, la sentirás en el espacio donde estás. Si alguna entidad está en ese lugar, presencia nuestra, o inteligencia etérica, vas a sentir que el sonido no llega hasta el final del espacio cerrado donde te encuentras, sino que regresa; ahí habrá una presencia.

—*Te entiendo, pero me parece muy difícil ponerme a sensibilizarme hasta el punto de distinguir dónde llega el sonido y hasta dónde no llega.*

—Puedes hacerlo con campanas muy pequeñas de sonidos muy agudos. Comienza a sonarlas y oye su sonido donde quieras. Ve fuera de tu hogar, tócala o suénala, oye su sonido varias veces, y fíjate cómo se pierde el sonido en la distancia. Y date cuenta de cómo llega el sonido de un extremo al otro, libremente. Cuando haya una presencia, sentirás que el sonido no llega a los otros extremos, sino que regresa a ti anticipadamente. Ahí habrá una presencia. También puedes usar vibraciones. Las vibraciones regresan como el eco. Si no llegan a la profundidad donde deben llegar, al final del lugar físico, si se regresan por fuerzas que algunos llaman "extrañas", es simplemente porque hay un campo energético en ese espacio adonde ha regresado. ¿Entiendes? —me dijo el ángel maestro.

—*Sí entiendo y voy a aplicarlo* —respondí.

—Debes tener agudeza en tu oído. Y también sentir las vibraciones en tu cuerpo orgánico.

(Me puso a tocar la campana mientras me preguntaba a mí misma si sentía la vibración...)

—*Siento la vibración en mi cuerpo* —le dije cuando la sentí.

—Cuando tu cuerpo reaccione será porque habrá un ser etérico. Cuando se sienta la presión en el pecho, como si fuese miedo o temor por algo, será el polo negativo, una energía diferente a la tuya. Y cuando sientas agrado, será energía positiva. Hay seres que están recibiendo constantemente información de todos nosotros para ayudar a evolucionar y para evolucionar ellos. Todo depende de la vibración, que es como las campanas: su vibración es según su tamaño y aleación, según el tono.

—*¿Esos ángeles están comandados por un arcángel? —pregunté.*
—Todos.

—*¿El arcángel está cerca de las personas?*
—Cuando es necesario y cuando alguno de estos ángeles lo solicita para que venga una respuesta mejor. Para canalizar esa alma.

—*Entre la numerosa correspondencia que recibo por correo electrónico, hay una que me llama mucho la atención: una señora me dice que su niño de cinco años le ha comentado que sueña frecuentemente con el arcángel Miguel. El niño manifiesta que Miguel le habla en un idioma raro que él no entiende.*

—Ésa es la forma de dirigirse que tiene el arcángel Miguel a quienes son suyos. Le está hablando al niño en un idioma que entiende su espíritu. Llegará un momento en que el niño pasará ese conocimiento a su mente terrena y comprenderá los mensajes. Es necesario que la madre lo haga hablar con frecuencia sobre estos sueños para que él los racionalice y se identifique con su verdadera esencia. Porque si trata de no darle importancia, o si le dice que es sólo su fantasía, se alejarán del niño, hasta perder definitivamente esta comunicación; afectando así su evolución, tanto espiritual como terrena.

Capítulo 20

Creación de protecciones astrales

Recuerda querida hija, querido hijo: si estás reiniciando la lectura con este capítulo, ve en primer lugar a la meditación que te he dado al principio del libro, para que nos entonemos, nos reencontremos. Ahora, voy hablarte de la manera de crear protecciones astrales, sin necesidad de elementos físicos, sólo usando el poder inmenso y creador de tu mente divina.

Mentalmente, puedes colocar bandas, una rosada y otra plateada, como protección alrededor de tu cuerpo. El astral se mueve por tu imaginación. La explicación podría ser muy extensa, pero recuerda: la energía que se encuentra en tu imaginación mueve todo lo que es astral.

—*Entonces, ¿yo puedo mover los colores que son astrales y los puedo colocar alrededor de mi cuerpo?*

A tu pregunta, yo, tu amigo el arcángel Israfel, contesto:

—Sí, y puedes hacer mallas también, con hilos de colores. Haces una cinta vertical y la entretejes con otra, de otro color, colocándola en posición horizontal.

—*¿Qué tipo de energía alcanzamos con estas mallas?*

—Si utilizas una luz amarilla proyectada en la malla de colores, un amarillo intenso, podrías lograr niveles excelentes y muy altos de inteligencia, donde toda información queda grabada en tu mente.

—*¿Y dónde coloco esa malla? ¿Me la pongo sobre la cabeza?*

—En todo el cuerpo, incluida la cabeza. Es igual a colocarte un traje de malla de colores y después encender una luz amarilla.

Para protegerte del mal, envuélvete en la energía color naranja. Sobre el poder de la energía color naranja ya hablamos anteriormente. Esta energía la maneja el arcángel Rafael. Así como la verde la utiliza sólo para sanar lo que está enfermo, el color naranja lo emplea preventivamente tanto con la energía que corresponde al mundo material (enfermedades) como la del mundo espiritual (ataques de seres de "no Luz"). Rafael, tal como está escrito en la *Biblia* en el libro de Tobías, es un vencedor del demonio.

PROTECCIÓN CON EL "PADRE NUESTRO"

Posición: parado o sentado.
Relajación parcial, despierto: ojos cerrados durante el aprendizaje y la aceptación mental de las imágenes a crear (habituarse).
Visualización: obsérvate parado en un piso cristalino suspendido en un espacio azul. Crea una espiral de Luz brillante justo debajo de tus pies, en el centro donde comiences. Mira un punto de Luz que después se convertirá en un hilo plateado que empieza a dar vueltas alrededor de tu cuerpo. Al llegar esta espiral a los tobillos, debes ver una nube azul o anaranjada en caso de protección; o blanca en caso de sanación. La nube de Luz sube cubriendo el cuerpo y la espiral deberá crecer, dando vueltas alrededor de tu cuerpo, hasta llegar por encima de la cabeza, justo en el centro. Con la visualización se deberá rezar el "Padre Nuestro".

Padre Nuestro (abrir la espiral)
que estás en los cielos (tobillos, comenzar a llenar la espiral con la nube de Luz azul, anaranjada o blanca, según el caso)
santificado sea Tu nombre.
Venga a nosotros Tu reino.
Sea hecha Tu voluntad
como en el cielo, así en la Tierra.

El pan nuestro de cada día dánoslo hoy.
Perdona nuestras deudas (visualizar Luz blanca en el chakra del Corazón)
como así perdonamos a nuestros deudos. (Que salga la Luz blanca de este chakra e ilumine tu corazón.)
No nos dejes caer en tentación (visualiza tu cabeza iluminada como una lamparita)
mas líbranos del mal. (Que emane Luz azul marino de tu cuerpo y se fusione con la Luz brillante azul cobalto, anaranjada o blanca.)
Porque tuyo es el Reino, el Poder y la Gloria,
por siempre (cerrar la espiral).
Así sea.

Este ejercicio también sirve como preámbulo para iniciar con él una meditación espectacularmente trascendental.

PROTECCIÓN CON EL CÍRCULO DE FUEGO DEL ARCÁNGEL MIGUEL

Posición: de pie.
Colocando la mano dominante frente al pecho, justo delante del cuarto chakra (centro del pecho), imagínate que tienes encerrada una espada en el puño, que está apuntando hacia arriba. Mueve la mano empuñando una espada gris, larga, liviana y manipulable, hacia la derecha, en forma de semicírculo. Inmediatamente, verás encenderse a la espada en Luz, y dices: "La Luz viene a mi ser en perfección absoluta. Yo la recibo como protección". Lleva la espada al centro del pecho y pásala al lado contrario de la misma forma, y luego dices: "Yo envío esta Luz en forma de fuego, quemando toda oscuridad que exista a mi alrededor y de la totalidad de mis cuerpos". Después, la regresas al pecho y rápidamente formas con ella un círculo de fuego, comenzando por el

frente, y siguiendo según el orden de las manecillas del reloj, girando el cuerpo al mismo tiempo hasta llegar al frente de nuevo.

Visualización: después de crear el círculo de fuego, lleva la mano hacia el centro y arriba, y suéltala con el gesto de abrirla. Ves cómo la espada entra por el séptimo chakra (en el centro de la cabeza) y se instala justo en el cuarto chakra. Y dices: "Oh, fuego que emana de la Divina presencia del sol, quemo toda iniquidad que exista dentro y fuera de éste, mi ser, y doy permiso a Miguel, Arcano en la Creación, para que limpie, proteja y purifique éste, mi lugar, y todo espacio que recorra hoy y, en consecuencia, a todo ser vivo que a mí se acerque, en perfección y conciencia absoluta. Así sea por siempre".

Levanta el fuego hasta que cubra totalmente toda la zona alrededor de tu cuerpo, dejando que se consuma desde un fuego amarillento-rojizo hasta llevarlo al azul-ciano brillante (cobalto). Luego, desaparece las llamas y ve todo tu cuerpo encendido en Luz blanca. Sal de la meditación. Fianalmente, da las gracias.

Después de crear por primera vez esta protección, sanación y limpieza, cada vez que hagas esta meditación, deberás sacar la espada del séptimo chakra. Ya habrás creado la conexión. Una vez que la persona se haya acostumbrado a hacer esta meditación, sólo con cerrar los ojos e imaginarse la espada que saca del séptimo chakra, entrará automáticamente al estado meditativo profundo.

LIMPIEZA DEL AURA

Consigue la mayor cantidad de pétalos de rosa que puedas (medio kilo sería bueno) y báñate con ellos. Se hace de la siguiente manera: báñate normalmente y luego de haber enjuagado todo el cuerpo para que no queden vestigios de jabón, báñate otra vez, pero con el agua de rosas que ya has preparado previamente de la siguiente manera. En un recipiente hondo, pon agua clara y colócale encima la cantidad de pétalos de rosa (en las florerías venden los pétalos en bolsas plásticas); le puedes poner una cucharada de miel de abejas pura y, luego, revuelves bien.

Mientras te bañas, colocas una vela blanca en honor al ángel que dio esta receta o, mejor dicho, proyectando tu Luz hacia él, por medio de la vela (candela) que has encendido. Debe ser una vela pequeña para que dure solamente el tiempo del baño. Si todavía queda encendida, déjala hasta que se extinga sola.

Debes bañarte con esa agua cuidando que ninguna parte de tu cuerpo (incluida la cabeza) se quede sin ser tocada por ella. Si te sientes muy meloso, igual déjate este baño el mayor tiempo posible, y luego quítate la miel con agua sola (es decir, sin jabón), pensando que sólo te estás quitando lo pegajoso, pero no los efectos benéficos de la miel.

PROTECCIÓN CON LA ESTRELLA

Visualiza una estrella plateada de cinco puntas, con cada triángulo exterior protegido por un triángulo dorado sin cerrar. Estos triángulos dorados son lo último que se visualiza, porque ellos cierran la protección. En el centro de la estrella, un círculo de fuego. Dentro del círculo de fuego, una pirámide dorada, igual que los triángulos externos. En el centro de la pirámide, un punto rojo que sería la persona. Esta visualización es por sí misma una protección. Mantenla en tu mente el mayor tiempo que puedas. Repite este ejercicio para que cada vez te sea más fácil visualizarlo.

Capítulo 21

El bien y el mal

Yo, arcángel Israfel, tu amiguito, digo a ti: todas las religiones, todas las filosofías, aceptan y se dan cuenta de que hay energías del bien y del mal en la Creación. Las religiones, sin excepción, lo han comprendido. Pero también, recordemos que, en hebreo, *Satán* quiere decir "la cara oculta de Dios", por lo cual se supone que el mal viene juntamente con Dios. Son como las dos caras de la moneda. Por un lado está Dios, o sea el bien, y por el otro lado está el mal, a éste llámalo como quieras. Por lo tanto, al existir el bien, existe conjuntamente el mal, porque todos fuimos creados por Dios.

Voy a explicarlo de otra manera: imagina que Dios es el sol, la luz. Cuando da la espalda, queda la oscuridad. Así, al haber sido creados por Dios, ustedes traen los dos polos opuestos también; tienen la tendencia al mal y al bien. Es una lucha inmensa que da tristeza. Muchas personas como tú, preocupadas por esto, se hacen preguntas como las que siguen abajo.

—*Dentro de ese plan malévolo del otro polo, ¿está el auge tan espeluznante que está teniendo el consumo de las llamadas drogas alucinógenas, que tanto daño están haciendo a la humanidad?*

—Abren el Tercer Ojo pero muy rápidamente, de manera que no pueden entender lo que está del otro lado. Quienes consumen drogas alucinógenas son arrastrados al bajo astral. Lo positivo atrae lo positivo, y lo negativo atrae lo negativo.

—*Y los alcohólicos, cuando han consumido mucho alcohol hasta llegar a lo que llaman* delirium tremens, *con alucinaciones, ¿también son personas que están siendo arrastradas al bajo astral?*

—Sí, bloquean su organismo. Si bloquean su cerebro y no piensan, es sólo el sentimiento porque segregan sustancias alucinógenas producidas por su propio organismo. Las hormonas comienzan a unirse y esto hace que el ser rompa el velo y sea un cúmulo de emociones; por eso actúa de esa manera. Así, logran eliminar o anular a otro ser. Se anulan a sí mismos y anulan a otros.

—*¿Hay alguna forma de ayudar a estas personas a salir de sus extravíos? Porque la mayoría quiere, pero no tiene la fuerza de voluntad suficiente. No pueden. Son dominados por el vicio, que algunas personas denominan "enfermedad"...*

—Yo, Israfel, no estoy de acuerdo con ese calificativo. Me parece un eufemismo. Enfermedad es que le dé cáncer a alguien. Enfermedad es algo que produce el organismo o que contrae, pero sin que haya intervenido la voluntad.

—*Entonces, ¿existe alguna forma de ayudar a estas personas?*

—Deben aceptarse a sí mismos. Son gente llena de complejos, con una autoestima muy baja a causa de aprendizajes en el cuerpo. Necesitan mucho amor para canalizarse mejor. Cuando llegan al extremo, son seres manejados por el polo opuesto. Por eso es nuestra lucha. Por esta razón hay tantos videntes y tantos canales actualmente.

—*¿Hay alguna planta que ayude a hacer más rápida la desintoxicación?*

—Depende del tiempo que lleven consumiendo sustancias nocivas para su organismo. Si tienen mucho tiempo terrenal ingiriendo ese tipo de sustancias, una planta no los ayudaría totalmente. Pero sí los puede ayudar su mente. Primero, deben aceptar lo que ha sucedido y buscar el porqué, antes de desintoxicar su organismo. Ya dije que depende del tiempo terrenal; estos productos intoxicantes producen ciertas rupturas sensoriales. Los afectaría cerebralmente y también a algunos de sus órganos internos.

—*La intoxicación por drogas, además del cerebro, ¿daña órganos internos del cuerpo físico?*

—Sí, sobre todo el hígado y el páncreas.

—*¿Es por eso que esa gente come tanto dulce?*

—Sí; traducen el alcohol en dulce. Y al revés: también al dulce lo convierten en alcohol.

Capítulo 22

Los sueños premonitorios

¿Cómo funciona el mecanismo del sueño? ¿Por qué unos sueños son premonitorios y otros no? ¿Qué porcentaje de sueños se podría decir que es producto del subconsciente y qué porcentaje procede del mundo espiritual?

Éstas son preguntas que con mucha frecuencia se hace el ser humano terreno. Yo, tu amigo arcángel Israfel, voy a explicarte...

Se define o se identifica cuando se está en nuestro mundo por la manera del sueño. Es como si el ser que sueña estuviese despierto. Es algo muy vívido; muy recordado, con la creencia de haber vivido algo anteriormente. Es como una intuición muy interior del ser. El sueño normal está formado de descargas psíquicas, y se recuerdan muy a menudo, pero no, es un sueño... Son simples sueños o imágenes que se unen o superponen a otras imágenes. Siempre que se va a nuestro mundo, se conserva el recuerdo completo, si el ser terreno está preparado para reflexionar en el momento de recordarlo o cuando lo lleve a su conciencia, porque siempre estará en su subconsciente. Todos tienen partes escondidas, aun siendo maestros. Tú activas esa parte escondida en tus sueños: lo que ves son tus propios miedos. Por eso te cuesta tanto trabajo alcanzar el astral. Debes vaciarte. Y si no puedes hacerlo solo, debes buscar ayuda para sacar esa parte que te molesta tanto a ti mismo. Puedes solicitar ayuda a las almas desencarnadas, a los ángeles, maestros, arcanos, arcángeles, o a algún ser del plano físico terrenal que esté preparado, que sepa escudriñar la mente humana.

También se deben preguntar sobre los sueños premonitorios. ¿Por qué los tienen? Porque a través de ellos se les está avisando acerca de algo que tiene muchas probabilidades de suceder, pero que ustedes pueden cambiar en su rumbo, en sus consecuencias. Por ejemplo, si sueñas que algún conocido va en un automóvil y tiene un accidente, puedes comenzar a negarlo, a quitarle fuerza, a desviar o revertir esa sentencia. Puedes advertirle a esa persona que evite andar en automóvil o, al menos, si no puede evitarlo, que sea extremadamente prudente. El tiempo en que podría suceder no es predecible. Por el lado contrario, si has soñado algo positivo, puedes influir en tu subconsciente a través de decretos, y por medio de él, en tu mente creadora, para que ésta cree o construya las realidades positivas, o las refuerce. Ésas que viste en tus sueños…

Capítulo 23

La envidia

He dejado para tratar en esta última parte del libro el tema de la envidia que es tan feo, pero, a la vez, tan importante, para que ustedes comprendan que deben desterrarlo, arrancarlo de raíz de sus sentimientos y emociones, de una vez y para siempre. La envidia hace mucho daño a quien la siente y también a quien es dirigida.

La envidia es una energía que se dispersa. Es como ustedes mismos dicen: "Brujería". Es horrorosa esa palabra; y es tan fuerte que, quien siente envidia, puede hacer daño a otra persona, aunque sin necesidad de desearlo. Eso puede suceder porque es una energía negativa muy potencial. Se acumula. Es como disparar un arma: va directamente donde tiene que ir. Y hace como una especie de manto sobre lo que se está codiciando, sobre lo que se está deseando mal en ese momento.

Por su parte, el envidioso está corroyendo su alma. Es una pobre alma que nunca tendrá paz ni felicidad y, por supuesto, tampoco prosperidad. Es como si la envidia trajera a su vida lo que ustedes llaman "mala suerte".

Para no caer en el vicio de la envidia, debes amar. Cuando se ama, no hay envidia, porque el amor verdadero es entrega. En el momento en que das cabida a la envidia, lo haces porque has abierto la puerta despidiendo al amor. Para que no entre nunca ese vil sentimiento en ti, bendice lo que los demás tienen y tú no.

Ahora responderé algunas de tus preguntas. Recuerda que aparecen en letra cursiva.

—*¿Es verdad que una persona puede afectar con sus malas vibraciones a una planta? Hay personas que van a una casa y con sus malas emanaciones matan a las plantas...*

—Ciertamente. Los elementales de las plantas se dispersan para que esa energía no haga daño a los seres que están protegiendo. Son niveles de evolución.

—*Por eso es conveniente tener plantas en el hogar... ¿para que nos defiendan?*

—Esa es su misión: alimentar y proteger.

—*¿Y con las mascotas que se tienen en el hogar pasa lo mismo?*

—No debería suceder, pero sucede. Ellos dan gustosos su vida. Prefieren sacrificarse porque saben que son una especie en evolución, así como ustedes. Los animales están evolucionados físicamente, pero no espiritualmente.

—*Las mascotas caseras aman mucho a sus dueños, como el perro o el gato...*

—Ésos son los verdaderos seres de pertenencia. Los que ayudan en la evolución y se entregan total e íntegramente a otro ser.

PROTECCIÓN CONTRA LA ENVIDIA

Una de las peticiones que escuchamos con más frecuencia es la relacionada con la envidia. ¡Ay!... Mi querido, si supieras el daño tan grande que hace la envidia a su poseedor, nadie tendría envidia, para evitarse tanto daño y tanto obstáculo. Son tentáculos que van creciendo y fortaleciéndose alrededor del envidioso, que no le permiten ni moverse, ni ver, ni oír, y que lo dejan atado revolcándose en el pozo de la miseria de la envidia. Naturalmente, la envidia también hace mucho daño a quien es envidiado; es peor que "una brujería".

Contra la envidia, usa el escudo protector: el escudo del mismo arcángel Miguel. Debes hacerlo, al menos, diez veces en tu día terreno.

Debes invocar las energías de Miguel. Se coloca alrededor de la persona un círculo mágico electromagnético de protección absoluta, dentro del cual ella se sumerja. Esa persona debe imaginar el círculo como un escudo y entrar en él. Quien lo invoque, entonces, debe estar suspendido dentro del escudo y, así, mantenerse todo el día terreno... Totalmente "sumergido" con todo su cuerpo dentro de él, como si el escudo fuera un barril de agua donde la persona se sumerge completamente.

Capítulo 24

Otras preguntas muy frecuentes realizadas a los ángeles

ENERGETIZANDO LUGARES DE TRAGEDIA

Yo, Israfel, voy a transcribirte las preguntas que nos han realizado con más frecuencia y que, quizá, tú también te has hecho.

—¿Qué debemos hacer para limpiar energéticamente los lugares donde ha habido una tragedia, con un saldo de mucho dolor y muertos?
—Deben hacer círculos de oración y energía en esos lugares trágicos para ustedes. En esos sitios se abre una puerta para nosotros (los ángeles) y para otros (distintas clases de energías espirituales), porque no somos los únicos. Al hacer los círculos de oración, se forman cadenas magnéticas en forma de cilindros de energía abierta, donde se entra por un extremo y se sale por el otro.

Haz la invocación perfecta:

*Yo ... (di tu nombre),
con permiso absoluto de la verdad que me asiste,
llamo a todo ser de la verdad, para que,
juntos como hermanos de un mismo Padre,
que es también nuestro Dios,
sea el mismo Dios quien abra este lugar
y que sólo ingrese en él quien tenga permiso.*

Da gracias por el favor, pero no pidas que los seres se retiren. Pide que seas su apoyo para la oración que comenzará. Hay palabras que no sabría traducírtelas, porque son sonidos que nosotros empleamos cuando hacemos nuestras peticiones al Altísimo. ¿Sabes? Es nuestra petición. Una de muchas. Es como una fuerza de energía atómica que emite sonidos... Para ustedes son palabras; para nosotros, sonidos.

Te voy a explicar mejor: es como si esa energía se abriera para recibir más energía y, así, ser más grande. Llega un momento en el que nosotros podemos alcanzarlos a ustedes y ayudarlos, y somos más sentidos, mejor percibidos por ustedes.

Hay seres de tu mundo que dicen que han sido tocados por los ángeles, que han visto físicamente una imagen de nosotros, que es semejante a la de ustedes pero con luces alrededor. Es la energía de una imagen muy grande para su vista. Esa energía de la cual estábamos hablando es la que nos hace ser visibles y perceptibles a los sentidos de ustedes.

Cuando no nos obsequian esta energía, no podemos ayudar. Resulta para nosotros –voy a utilizar una expresión de ustedes– "dolor y castigo", pero no lo hemos ganado por alguna acción que hayamos hecho contra otros semejantes distintos a ustedes, porque incluso a la oscuridad (la maldad) hay que hacerle bien.

Voy a explicártelo mejor: digo que no debes pedir que se vayan los seres desencarnados que están sufriendo, en determinado sitio, porque cada ser debe cumplir su mandato. El estar ahí, desorientados, no es producto de la misma muerte violenta y súbita que tuvieron y no se dieron cuenta, y no supieron asimilarla, sino que les faltó preparación. Ellos sabían lo que iba a suceder, pero sus mentes físicas obviaron todas las consecuencias.

Tú me preguntas a mí:

—*¿Ustedes mismos no propagan la creencia de que uno debe ayudar a los demás?*

—Sí.

—*Entonces, ¿de qué forma podemos ayudar a esas almas para que entiendan y se preparen para encontrar a Dios? Para que se ubiquen en el camino hacia Él. Ellos no saben salir, están encajonados, entrampados allí...*

—Las mentes materiales están apegadas a la materia. Tú las puedes ayudar utilizando la palabra más poderosa. Esa palabra es la que se emplea para denominar al Altísimo: ¡Dios! Dios, Dios, Dios..., al unísono, en una sola voz, y ellos van a comenzar a escuchar ese sonido. Comenzarán a liberarse con esa palabra, porque es la llave del candado de la cárcel donde están. Y por estar pronunciando ustedes, en español, la palabra "Dios", se puede crear la liberación de mucha energía para otros efectos. Por ejemplo, limpiar un lugar para que mejore. Para lograrlo, la sagrada palabra tiene que ir en aumento, hasta llegar a un sonido alto que vibra solo. Llegará un momento en que el sonido y la palabra se convertirán en la máxima energía. Puedes, si así lo deseas, encender una llama (candela, cirio, o lámpara; uno solo es suficiente).

—*Ahora que estás hablando de estar apegado a la materia, hay personas tan apegadas al cuerpo físico que han pedido y pagado para que las congelen, para que todos sus órganos se mantengan bien. ¿Y qué ocurre con su alma?*

—Esas personas tienen atrapados a sus espíritus. Su espíritu está siendo sacrificado. Es un autosacrificio. Lo aceptan así y no se dan cuenta. Hay muchas formas de atrapar a un ser; muchísimas formas de atrapar a un espíritu. Mientras a su cuerpo lo mantengan con "vida" (digo vida porque no se permite, por la congelación, que llegue la muerte, o sea, la descomposición), el espíritu estará atado. Es algo en contra de la naturaleza universal; y proviene o es el resultado del mal uso de la tecnología y de la ciencia.

—*Pero ¿eso no es lo mismo que embalsamar?*

—No, porque cuando se embalsama, el espíritu y el alma de la persona ya han dejado al cuerpo.

—Hay personas que han dado la orden de que ni bien mueran, les coloquen inyecciones de hidrógeno líquido para preservarlas y comienzan los procesos de congelación.

—Recuerda que el Hilo de Plata[16] solamente se rompe cuando el alma acepta que ya tiene que irse. De una manera u otra, bien o mal informada la mente, acepta la voluntad que puede llamarla; acepta el "me voy; no estoy más en este cuerpo". Mientras el alma continúe aferrándose a un solo Hilo de Vida, allí permanecerá el espíritu atrapado. Muchas personas han sido congeladas sin haberse muerto. Clínicamente, han muerto, pero su alma y su espíritu no han terminado de abandonar el cuerpo. Al ser congeladas, éstos quedan aprisionados adentro del físico.

—¿Y qué sucede con las personas que están en estado de coma? ¿Cómo está su espíritu?

—Las personas que están en estado de coma se encuentran todavía en un Hilo de Luz que los mantiene atados. Una vez que esas personas se liberan, que la voluntad (es decir, el cuerpo mental) acepta retirarse, el espíritu se retira también. Recuerda que el espíritu es mente. Se lleva consigo el cuerpo mental superior, y este cuerpo mental se conecta con el cerebro que es el que se manifiesta, el que reproduce todo aquello que el espíritu quiere que se reproduzca.

—En el caso de las personas que paulatinamente pierden la memoria, ¿el espíritu no sufre por eso?

—El espíritu se quiere ir, o se ha querido ir.

---

[16] Hilo de Plata, Cordón de Plata o Hilo de Luz es aquello que San Pablo llama, en el *Nuevo Testamento*, Cordón de la Vida. Es un cordón de energía que une el cuerpo con el alma y el espíritu. Cuando el cordón se rompe, el alma y el espíritu se van, y el cuerpo comienza el proceso de desintegrarse. A medida que el cuerpo se desintegra, el cuerpo etérico también lo hace.

—Y las personas que han perdido la cabeza, que en el argot popular se las llama locos o dementes, que están en los manicomios..., ¿qué ocurre con su espíritu?

—Su yo interno se encuentra con ellos, pero lejos. Están solamente conectados a su Hilo de Luz.

—¿Qué sucede cuando uno está bajo los efectos de la anestesia?

—La anestesia es un veneno. Mientras se está bajo sus efectos, el ser espiritual se aleja, aunque sigue conectado a través del Hilo de Luz.

La siguiente es, posiblemente, la pregunta que procede de los terrenos que más escuchamos los ángeles:

—¿Es cierto que cuando vamos a venir aquí, a la Tierra, nosotros (los seres humanos) decidimos si queremos encarnar o no? ¿Es una decisión que uno toma: quiero encarnar, o no quiero encarnar?

—Sí.

—Independientemente de las experiencias que deba pasar, ¿puedo decidir si vuelvo o no vuelvo?

—Hay parte de cierto y parte de mentira. Para ustedes, es aprendizaje en vidas terrenas para evolucionar, para lograr una evolución perfecta, para ser mejores seres, para poder unirse a la energía superior de la Verdad. Tus experiencias están relacionadas con el aprendizaje que necesitas: si necesitas de la paz, jamás tendrás tranquilidad en la vida terrena, hasta que no encuentres la paz.

A propósito de la paz, te voy a dar unas indicaciones para que la paz more siempre en ti. Siéntate en un lugar tranquilo, o puedes hacerlo acostado en tu cama, con la certeza de que no vas a ser interrumpido ni por alguien que conviva contigo, ni por el timbre de la puerta, ni por el del teléfono.

Cierra los ojos, toma una respiración profunda y siente que tienes mucha paz interior. Ahora, crea con tu imaginación un lugar donde sientas que la paz te inunda, te plena, te relaja, te rescata. Un lugar bucólico, en medio de un hermoso bosque, o en medio de un no menos hermoso prado donde la luz del sol brilla sin hacerte daño y mantiene una temperatura muy agradable. Ves y sientes el ruido del agua golpeando las piedras en un arroyo muy lindo. Visualiza que te sientas o te acuestas sobre una piedra, o que te recuestas sobre el tronco de un añoso árbol o sobre la grama de un extenso prado. Cuando miras hacia arriba, ves pasar las nubes en medio del cielo intensamente azul, mientras debajo de ellas la fronda de los árboles forma dibujos excepcionalmente bellos, cuyo delicado entretejido te llama la atención.

Todo lo que te rodea te da paz y tú lo has programado para que te produzca mucha alegría, contentamiento, gozo. Esos sentimientos tan hermosos y profundos alcanzan el núcleo de todas tus células y, desde allí, se esparcen por todos tus órganos internos y externos y por todos tus sistemas. Luego, van a tu ADN, y continúan su expansión hacia tus cuerpos sutiles, sanándolos y llenándolos de paz, uno por uno.

Cuando ya te encuentres completamente relajado, siente que los problemas que te aquejan no tienen importancia, que son solucionables, que no eran tan desproporcionados como los viste en tu confusión anterior; sino que, en un sentido contrario, a la luz de la paz y de la armonía, algunos de esos problemas ya no son tales, ahora son inconvenientes que tú puedes manejar exitosamente con la solución que les has encontrado o que encontrarás muy pronto.

Te das la orden: te decretas que cada vez que vayas a este sitio te llenarás de paz. De esta forma, cada vez que sientas que la vida se te está volviendo un caos (con motivo o sin motivo), o que alguien o algunos te la quieren convertir en un caos, tú irás a tu lugar de solaz y te llenarás de paz, recargarás tus baterías con armonía, con amor, con tranquilidad… Regresarás renovado para enfrentar lo que sea, con el mejor talante, con la mejor disposición para poder, con la cabeza en frío, dilucidar todos tus asuntos sin perder la perspectiva, de la mejor y más exitosa manera: con calma, paz interior y una sonrisa.

Si eres muy amante de la playa y del mar, puedes convertir una hermosa playa en tu lugar de solaz, donde te veas paseando por la arena, viendo las gaviotas y los alcatraces haciendo arabescos en el cielo azul sin nubes, sintiendo el vaivén de las olas susurrándote: paz... paz... paz... Puedes ver las esbeltas y erguidas palmeras con sus hojas cual verdes cabelleras que la brisa despeina, meciéndose airosas, mientras contribuyen con su ir y venir a brindarte más paz.

Cada vez que desees renovar la paz interior, ve a este idílico lugar, igual que cuando sientas que algo quiere perturbar tu paz interior.

—*Una persona que ha nacido en la opulencia, que la ha manejado o alcanzado en una vida y lo ha hecho bien, en la próxima vida ¿nacerá nuevamente en la opulencia?*

—De acuerdo con la experiencia que necesite en esa vida. Porque si ya no necesita experiencias sin opulencia, ella sola vendrá. Pero si parte de la opulencia hizo que esas experiencias fueran pobres o deficientes, entonces, no tendrá más opulencia.

—*¿Quieres decir que si la supo manejar bien, la tendrá de nuevo?*

—Depende de si supiste manejarla bien en el aprendizaje que tenías que obtener en esa vida. Si con la opulencia no la obtuviste, aun manejando bien esta opulencia y nunca haciendo daño con ella, entonces la opulencia puede volver; pero si no hace daño en esta nueva existencia terrena. Aunque no podrás obtenerla más allá de que sepas manejar la opulencia en términos terrenales, si todavía, en términos espirituales, dejaste fuera las experiencias que debías vivir o cubrir.

EL DERECHO DE CONCIENCIA

—*¿Qué entiendes tú por "derecho de conciencia"? Hay, en la metafísica, una explicación, e incluso una afirmación, de que "lo que es mío por derecho de* *conciencia, nadie puede quitármelo". ¿Este derecho consiste en que si hemos estado acostumbrados a algo, lo volvemos a tener, lo buscamos inconscientemente? Por ejemplo, si yo tuve un palacio en la vida anterior, en esta vida busco tenerlo de nuevo.*

—Derecho de conciencia es lo que ganas por lo que creaste en cada vida, porque queda grabado en tu inconsciente y en la memoria universal. Respecto a lo que me dices del palacio, muchos han obtenido lo que buscan como costumbre o recuerdo de vidas pasadas, y cambian el camino que deberían andar. Aquello a lo que estás acostumbrado, queda grabado en muchas oportunidades; me refiero a vidas terrenas. A esta lectura la estás haciendo en quietud, y si buscas lo mismo, obtienes lo mismo, porque es algo que es tuyo y piensas que debe seguir siéndolo en cada vida. ¡Y lo será!

No te preocupes tanto por dar soluciones a lo que te sucede en la vida terrena. Preocúpate por el aprendizaje que has obtenido y da gracias por ello. Ese aprendizaje va a ser tu futuro terreno. Debes ponerlo en práctica. ¡Queda en paz y da la paz!...

LOS CAMBIOS EN EL PLANETA

—*¿Los cambios climatológicos que hay en este momento son señal de cambio de era?*

—Sí. No digamos del cambio de era sino, más bien, es la señal del daño tan grande que la mente humana ha hecho, y continúa haciendo, al planeta que lo acoge. Pero indudablemente es parte de ese plan, de ese diseño de marcar la evolución del hombre por etapas, por grados, y cada vez se va haciendo más difícil. Esa prueba no es, en realidad, parte de las pruebas que se determinaron. Aunque, sin duda, es parte de ese plan, de ese diseño de marcar la evolución del hombre por etapas o por diferentes grados que cada vez se torna más dificultoso.

Que no sean pruebas que se determinaron significa que se le dio la oportunidad al humano para que su ser evolucionara, con todas las facilidades para que adquiriera el conocimiento y saliera lo más pronto posible de eso. Es como si te dijera que tienes tu habitación o tu cuarto, y decides tenerlo en desorden. Entonces, cuando salgas o te muevas de un lado a otro, te vas a lastimar, te puedes herir un pie con un objeto que tú mismo dejaste tirado en el suelo; cuando, realmente, hubiera sido mucho más fácil mantener tu habitación en orden y, así, hubieses salido con más facilidad.

Sin embargo, debo decirte que lo que estaba destinado a suceder ha tenido variación en sus planes, debido a que ha habido, y continúa habiendo, movimientos de pensamientos sinceros, honestos. Hay mayor cantidad de honestidad que de deshonestidad; y hay muchísimas, pero muchísimas, concesiones. En realidad, y esto ya lo he dicho, no fueron pruebas que se determinaron, no fue así. Sino que el ser humano tuvo la posibilidad de que su ser evolucionara, se le prestaron todas las oportunidades para adquirir el conocimento rápidamente.

EL VICIO DE LA DROGA

Muchos padres, familiares y amigos de personas que han caído en el vicio de la droga hacen lo impensable por ayudarlos y constantemente dirigen sus oraciones hacia nosotros. Pero debo decirte que, aunque se haga algo por ellas, aun cuando se rescaten de ese mal que ellas mismas se proporcionan, o se han proporcionado, han quedado como si estuvieran semi-invalidadas; y el tiempo que queda para promoverlas es corto. Sé que estás pensando en seres queridos y te preguntas:

—*¿Cómo hago para ayudarlos?*
—Debes dejar que ellos atiendan el llamado que se les hace. Cada ser tiene un propósito en la vida; cada ser tiene una dinámica en su

existencia. Y en el momento menos pensado, aparece en él algo así como un timbre, una inquietud. Sólo podemos darles el conocimiento, hablarles, pero no interferir. La ayuda consiste, simplemente, en decirles qué tienen en su interior. Otro tipo de ayuda no es conveniente.

Sin embargo, debo aclararte que es posible. Sí, es posible que puedan ser sanados, pero es difícil. Quiero ser honesto: la droga y todo aquello que sea vicio hacen que el ser humano descienda en la espiral.

Existen muchos movimientos en el planeta con muy buena intención para ayudar a salir del vicio de la droga. Fundamentalmente, para rescatar jóvenes, aunque también hay adultos que están inmersos en este vicio y no han podido salir. La ayuda consiste, básicamente, en no atacar; aunque se ataca muchísimo, y esto es lamentable.

Recuerda: son personas cuyo ser Divino está alejado. El ser Divino se aparta cuando se produce el vicio, la dependencia de la droga. Si quieres ayudar, hazlo dando un mensaje, una palabra de cariño a esa persona. Dale un rato de felicidad a ese individuo que está invalidado por el consumo de la droga. Cuando esa persona está reaccionando a ese sentir que experimenta, sonríe. En ese instante, su Ser se encuentra (se integra) con él, o con ella. Es el momento de decirle que se purifique, porque esa pobre persona va a reconocer en ese entonces el daño que se está haciendo. Lo tiene que reconocer. Es algo que por ley se tiene que dar. Es muy difícil que él mismo por sí solo reconozca el daño que se está haciendo. Asimismo, es posible orientarlo para que llegue a sitios donde se está dando el tipo de ayuda que generalmente hace que esa persona se purifique, se desintoxique. Esto es lo más adecuado que puedes hacer.

No dejes que el miedo ahuyente tu Verdad.

Palabras de despedida

Yo, tu amigo, el más amigo, Israfel arcángel, digo a ti que ha sido un placer haber trabajado contigo a lo largo de este libro. Me he sentido muy unido a ti, a tu lado, en tu mente, en tus sentimientos, en tus emociones. Es mi mayor deseo que mis palabras te hayan ayudado a comprender mejor nuestro mundo angélico y a quienes habitamos en él: los ángeles.

Deseo que hayas comprendido que existe una gran empatía, por no decir amor recíproco, entre los ángeles y los humanos. Por eso, siempre que nos lo permites, tratamos de ayudarte. Siempre estamos dispuestos, pero recuerda que necesitamos tu autorización... Te dejo una fórmula para invocarnos:

Mi ángel de compañía, mi ángel amado,
yo ... (di tu nombre)
te autorizo para que entres en mi vida.
Ángel amado, toma el timón de mi barco, te nombro capitán.
Sé que tú mejor que yo evitarás los escollos porque sabes sortear los vendavales y
tiempos contrarios. Guíame hacia el puerto más seguro.
Ayúdame en mi evolución para que juntos alcancemos las metas propuestas.
Permíteme disfrutar de tu amada compañía, por el simple placer de tenerla.
Quiero ser tu mejor amigo, tu hermano, para que
juntos andemos por la vida actual tomados de la mano.
Así sea.

Debo dejar claro que no es mi intención convertirte en un inválido que depende únicamente de nosotros. Nadie debe invalidar a otro. Al contrario, debe ayudarlo a fortalecerse, a crecer, a madurar. Quiero que comprendas tu Divinidad y que vivas de acuerdo con ella, desechando la miseria humana, fortaleciendo día tras día, hora tras hora, minuto por minuto, tu mente, tu capacidad creadora de hacer maravillas. Por último, no olvides mantener en tus labios esta petición:

Gracias Dios, Padre amantísimo,
porque has mandado a tus ángeles a que me guíen por todos los caminos.
Has enviado a tus ángeles de salud a cuidarme.
Has enviado a tus ángeles del triunfo a guiarme hacia la exitosa meta.
Has enviado a tus ángeles de la felicidad a alegrar mi vida.
Has enviado a tus ángeles del amor a plenar mi existencia dando
y recibiendo amor.

Has terminado de leer este libro, pero no te despidas de él, porque sería bueno que lo releas y hagas las meditaciones que están aquí con frecuencia. Me darías mucho gusto.

Tu amigo, Israfel.

Ritual de amor

Para relajarte, cierra tus ojos y respira lentamente.
Pide ayuda y protección a tus guías espirituales y
visualiza una Luz azul-rey alrededor de tu campo etérico.
Luego, invoca al ángel Shamuel, o a cualquier otro
ángel que regentee sobre el Amor.
Hazle la petición de sanar las heridas emocionales que están
depositadas en tu corazón y pídele la liberación (de todo lo que te molesta).
Visualiza una esfera de Luz blanca que entra por tu cabeza y baja por el cuerpo
limpiándolo. Luego, realiza el mismo proceso, pero a la inversa: subiendo

desde tus pies hasta tu corona. A medida que la Luz sube y baja, crece y aumenta su circunferencia, brilla más. La Luz da vueltas alrededor de tu campo etérico, y ha crecido tanto que tú ya eres parte de ella (o sea que tu cuerpo y los vehículos sutiles están todos envueltos por ella). El centro de la Luz está en tu chakra del corazón y desde allí empiezan a salir destellos rosados. También es posible que veas colores no armónicos y energías pesadas que salen de allí (estarás eliminando lo negativo). Pídele al ángel Shamuel que te ayude en esa limpieza. Utiliza tu imaginación para eliminar, destruir o transformar la energía pesada.

Continúa con la limpieza hasta que te sientas mejor. Visualiza que en la Luz blanca hay destellos rosados muy hermosos que han aumentado su fuerza y belleza.

En este momento, es posible que recibas mensajes del mundo angélico. Luego de una profunda relajación, agradécele al Ángel por su ayuda y reduce el tamaño de la Luz. Deja la Luz rosada en el chakra del corazón con el propósito de amarte a ti mismo, y de tener allí un reservorio de amor.

Toma tres respiraciones profundas, abre los ojos y sigue con tus actividades cotidianas. Durante el día, cuando tengas una duda o tensión, mentalmente enfoca tu atención y el sentimiento en la Luz rosada que está en el chakra del corazón, e invoca al arcángel Shamuel para que te ayude a centrarte.

Repite tres veces seguidas: "Invoco el poder curativo de la fuerza cósmica del amor". ¡Recuerda que el amor mora en ti!

Acerca de la autora

La pluma de Luz Stella Rozo ha sido fructífera; en casi veinte años ha lanzado al mercado internacional dieciocho libros, incluyendo este trabajo, además de otros que se encuentran en proceso de edición.

Sus obras publicadas son:

- *Nueva forma de comunicación con los ángeles.* Un libro-taller para entonarse con el Reino Angelical, complementado con cinco CD de meditaciones.

- *Los ángeles de la prosperidad, la abundancia y el suministro.* Una obra en la que se describe el punto de vista angélico para la obtención de la prosperidad.

- *La felicidad*. Un tratado muy sencillo y eficaz sobre la forma de mantener la felicidad dentro de cada persona. Un libro de cabecera; una obra de consulta.

- *Los ángeles a través de la Biblia*. Un recuento y estudio sobre las diferentes apariciones de los ángeles en las páginas bíblicas.

- *El oráculo de los ángeles*. Fue el primer oráculo de este tipo que se imprimió y vendió en el mercado latinoamericano. Contiene una serie de cartas con sus correspondientes respuestas.

- *Los ángeles de la Navidad*. Un análisis, desde el inicio de los tiempos, sobre los hechos que tuvieron que sucederse en la historia para que pudieran cumplirse las profecías que concluyeron con el nacimiento de Jesús de Nazareth.

- *Miguel (arcángel), príncipe de los imposibles*. Una obra en la que se destaca la importancia dada a este arcángel en las diferentes religiones. Incluye una serie de oraciones y rituales extraordinarios.

- *Decretos de prosperidad*. Un libro de formato pequeño que en su primer año en el mercado llegó a vender setenta mil ejemplares. Ha sido modificado y revisado, y ha superado las quinientas mil copias.

- *Decretos de salud*. Este trabajo explica que así como podemos enfermarnos, también podemos utilizar nuestro potencial para restablecer nuestra salud.

- *Un decreto para cada día*. El título por sí mismo indica su contenido. Asimismo, *Decreta tu éxito* y *El amor se decreta* son libros de bolsillo pero se caracterizan por contener mucha información.

- *Éxito sin límites*. Editado por la empresa norteamericana Llewellyn Worldwide, en 1999 fue lanzado al mercado internacional. En la Feria Internacional del Libro de Chicago, Illinois (USA), obtuvo el 2do lugar entre los libros editados en español sobre temas de autoayuda, por el cual se le confirió el premio *2000 Literary Hall of Fame Book Awards*.

- *El poder milagroso de los salmos* llegó al 1er lugar y obtuvo el *2003 Literary Hall of Fame Book Awards*. Este libro está inserto en el mercado portugués traducido por la editorial Pensamento & Cultriz, de Brasil.

- *Revelaciones angélicas*. Una obra que narra lo revelado por los ángeles a la autora durante tres años de comunicaciones semanales.

- *Mundo de ángeles*. Un libro que devela la auténtica realidad del Reino Angélico.

Luz Stella Rozo, luego de muchos años de estudio en las enseñanzas arcanas, comenzó a escribir una columna semanal en dos de los más importantes periódicos de Caracas, capital de Venezuela. Más tarde, alternó esta tarea con su propio programa de radio, en el que trataba temas filosófico-espirituales y de autoayuda, al igual que en los periódicos donde escribía. Luego, su conocimiento se expandió al ámbito de los libros, los cuales fueron presentados en los diferentes medios de comunicación. Asimismo, dictó seminarios sobre temas tratados en su amplia obra literaria.

Actualmente, se dedica a escribir y a realizar regresiones; es hipnóloga terapeuta. Además, colabora con distintos periódicos y revistas. Y tiene su propio programa en televisión que se transmite por varias señales venezolanas. Con frecuencia, es invitada a presentaciones en diversos países de habla hispana.

Quienes deseen comunicarse directamente con la autora, pueden hacerlo a través de su sitio web: **www.luzestela.com** o por medio de sus correos electrónicos **luzestela@cantv.net** y **luzestelarozo@gmail.com**

Mi mente se llena ahora con la paz de Dios.

Índice

Palabras preliminares acerca de esta Serie Mayor 5

Agradecimiento 11

Introducción 13
    Los ángeles en las distintas religiones. Los ángeles
    como instrumento de unidad 13

Capítulo 1
El Reino Angelical 17

Capítulo 2
¿Quiénes son los ángeles? 25
    Ritual con canela entregado por los ángeles 41

Capítulo 3
Comunicación angélica con los humanos 43
    Preparación de la casa para la llegada de los ángeles 52

Capítulo 4
Protecciones 55

Capítulo 5
El nombre de tu ángel 59
    Poder de ubicuidad de los ángeles 64

Capítulo 6
Los distintos cuerpos del ser humano 65

Capítulo 7
El trabajo de los ángeles 71
  Las 24 horas del día y sus gobernadores 73

Capítulo 8
Guía para contactar tu poderosa energía 75
  Tomando la energía del oro 77

Capítulo 9
Aprende a conectarte con los ángeles 83
  Apertura del canal 84
  Descargarse de energía negativa 89

Capítulo 10
Los ángeles en la Kabaláh 93
  Ritual para atraer la gestación 99
  Ritual kabalístico 100
  Descripción de la *Sefiroth*: su significado 104
  Descripción de las órdenes a las que pertenecen
  los arcángeles de la *Sefiroth* 112
  Mensajes de los arcángeles (Sefiráhs) de la *Sefiroth* 114

Capítulo 11
Los ángeles portadores del nombre sagrado de Dios 121
  Limpieza protectora del ambiente 123
  Una poderosa protección con los nombres sagrados 125
  Desarrollo de tu propia Divinidad 125
  Ritual de creación mental 127
  Compromiso con el universo 128

Capítulo 12
Los ángeles en el zoroastrismo 129
  Los arcángeles o Amesha Spentas 131
  Los ángeles guardianes o Fravashis 134
  Los ángeles o Zayatas 136

Capítulo 13
Los ángeles y los druidas 143
   Invocación a Dios para mejorar todos nuestros asuntos 148
   Ejercicio de sanación espiritual 149

Capítulo 14
Los aztecas y su mundo espiritual 151
   Ejercicio contra la depresión 153

Capítulo 15
¿Tenemos un código espiritual personal? 155

Capítulo 16
Apertura del Tercer Ojo 159
   Meditación para abrir el Tercer Ojo 161
   Desacostúmbrate al dolor 161

Capítulo 17
Las meditaciones 165
   Proyección al astral 168
   Ángel de la paz 172

Capítulo 18
Los guías 175

Capítulo 19
La magia de las campanas 179

Capítulo 20
Creación de protecciones astrales 183
   Protección con el "Padre Nuestro" 185
   Protección con el círculo de fuego del arcángel Miguel 186
   Limpieza del aura 187
   Protección con la estrella 188

Capítulo 21
El bien y el mal 189

Capítulo 22
Los sueños premonitorios 193

Capítulo 23
La envidia 197
    Protección contra la envidia 199

Capítulo 24
Otras preguntas muy frecuentes realizadas a los ángeles 201
    Energetizando lugares de tragedia 202
    El derecho de conciencia 208
    Los cambios en el planeta 209
    El vicio de la droga 210

Palabras de despedida 213

Acerca de la autora 217